U0047997

風水！有關係

好風水不求人

風水大師齊力灌頂，教你如何財運滾滾來、
召喚好桃花、健康保平安、文昌開智慧。

自古以來,中國人流傳著這樣一句話:「一命、二運、三風水。」

有人覺得這是一種迷信——畢竟「命」跟「運」太難以捉摸、「風水」又太眾說紛紜,難以掌握。不過仔細想想,做人做事要的也不全然是「掌握」二字;明天的「未知」或許會讓人感到害怕,但也因為這樣有了無限可能,而讓人懷抱希望。

因此,這句話與其說是玄學,不如說是教我們做人的道理。

命,是指一個人的出生。你出生在怎樣的家庭?長相如何?這些都是注定好的,也沒什麼機會改變;與其怨嘆沒有的,還不如掂掂已經擁有的。

運,是指遇到的事情。你會遇到什麼人?做什麼工作?這些不全然沒有辦法改變;只要夠努力,你也可以為自己創造好生活、好運氣。

而風水,是指家宅,這就是我們可以掌握並改變的。以前說到「風水」兩個字,都讓人難以理解,其實說穿了,就是一門流傳千百年、用無限大數量的實驗組歸納出來的綜合性學問,包括天文、地理、氣候、色彩、環境……等各種實證科學。

比如風水最忌諱的「穿堂風」,就是風從大門一路穿過客廳吹出後門或窗戶,對流太強,在這樣的環境裡生活,會容易一直吹到風,

人不會舒服；所以風水上說這無法藏風納氣，引申的意義就是屋主容易破財。

但是，風水不會是無解的死胡同，本書就是教大家如何運用簡單的方式，改變家宅與職場風水。像是穿堂風，只要改變風的流向就可以了，比如改門窗、加窗簾，甚至放一對麒麟，真的一點都不難。

回到最開始流傳的那句民間智慧，許多人都忽略了後半段：「四積陰德、五讀書。」

就算前面三者你都覺得無能為力，還是可以藉由多做善事、多讀書，改變自己的運途。因為多做善事，能增加貴人運；而讀書，可以拓展視野，這兩者都可以提供助力，為你的命運風帆吹起順風。

想為自己增添財運與桃花嗎？想尋求更好的事業與健康嗎？請打開這本書，照著書中的步驟檢視自宅風水與職場風水有沒有出錯的地方；若是有，不要擔心，老師們也會教你改變風水的簡單方式；若是沒有，恭喜你，你可以用更多的開運方式，為自己招來福氣。

而平時多行善、多閱讀，搭配上好風水，更能運勢平穩向上、招財納福、人生順遂。

目錄

・壹・
風水自修
六堂課

　　風水，簡單地說，就是一門「空間」的學問。

　　人活在世，跟空間的關係密不可分，特別是居住的房子對我們
的影響更是深遠。這其實就是一種「環境心理學」，如果你住在
一個朝氣滿滿的好環境裡，心情就會開朗，行事便會端正，運勢
也就因此大開。

　　所以，四方寬敞、正大光明的格局就是住家上乘之選。但不是
所有房屋都能有如此好的格局，所以如何利用隔間巧思，或是調
整傢俱來趨吉避凶，就是改變居家風水的重點了。

　　我們先來了解風水的重要基本原理，幫助大家更快進入實際應
用的層面。

第一堂課

想要好風水，
先看精氣神

走進一幢房子，怎麼知道風水好不好呢？可以從房子的精、氣、神來判斷。

「精」就是採光，只要採光明亮，房子住起來就會舒服。「氣」是指對流，對流順暢，運勢也能夠跟著提升。「神」便是整潔，整潔的房子才宜人居住，也為屋主帶來福氣。

精：採光充足，精力十足

房屋的室內光線明亮，代表房屋陽氣十足，精力旺盛；屋內的光線過暗，會使人缺乏活力，也容易讓人帶有較多負面的情緒與思維。

風水中有所謂的「明廳暗房」，這是一種對比原則，也是前人歸納出來的環境科學。客廳與臥室兩相比較下來，客廳的光線要明亮，臥室則要比客廳幽暗一些；因為客廳是起居空間，充足的光源可以

讓人精神百倍，房間則是睡眠空間，睡覺的時候沒有光源影響，才
能讓人充分休息。

　　所以客廳的採光務必要充足，那表示房子的門窗要安排得宜；只
要門窗安排得宜，不只陽光會進來，空氣也會進來，自然能營造出
舒適的環境。

客廳陽光充足，是絕佳風水。

假如客廳真的採光不足，可整日開燈來補強自然採光的缺失，這就是藉由調整風水來幫助開運的方式。

不過，採光的過與不及都不好，好風水的住宅所需光線必須是溫和地照進屋內，而屋內還是留有蔭面，也就是房間不要太亮，這樣才能讓陰陽協調。如果陽光太過強烈或是穿透整個屋子，反而形成「光煞」，容易讓屋主疲於奔命，甚至帶來傷害。

所以，如果家中有大片落地窗，或是窗戶過多時，都需要注意發生這樣的問題，可以用窗簾、屏風等方式，來改變風水。

氣：氣流順暢，氣場越旺

好房子一定要有對流通風，才會讓氣場順暢。如果屬於溫和的通風，在風水上稱為「藏風聚氣」，可以為屋主帶來滾滾而來的財運；但如果如果對流太過急速、強烈灌入，反而引來「風煞」，造成屋主為財勞累，甚至影響人際關係。

此外，氣流要在屋內循環，不要有死角；家裡有空氣不流通的角落，也會讓人感到不適。

至於氣場該如何來判斷？除了請風水老師以外，你也可以透過小孩、動物、甚至是植物來判斷。接下來就介紹幾種簡單且容易執行

的做法，讓你可以研判自宅的居家風水。

1. **烏龜** 烏龜是一種可以十天不進食的動物，也被認為是靈性高。如果你家新居落成或是要重新裝潢翻修，可以放一隻烏龜在家中，大概放個三、五天，而烏龜這幾天會在屋中爬來爬去，而三、五天後烏龜停留的位置，就可以設置成主臥室或孝親房，表示那是氣場好的地方。

把窗外的氣流引進室內，才能讓室內氣場通順。

2.**狗** 狗的磁場感應比人類還要強，如果狗進入屋子以後反應不對，像是顯示出很慌張的樣子，或是一直到處亂吠，這可能代表這裡的氣場或環境有問題；如果狗是活蹦亂跳，表現出很雀躍的感覺，就代表這個環境的磁場生命力很強，是一個不錯的房屋選擇。

另外，如果是家裡人口比較簡單，養狗也可以熱絡氣場、提升人氣。

3.**魚** 很多人家裡都有魚缸、都有養魚，若魚缸裡的魚繁衍旺盛，則代表這個環境磁場有利於夫妻生子。

4.**貓** 有些人喜歡靜一點的寵物，那可能就會養貓，看房子的時候其實也可以帶貓過去（但要貓有出門的習慣），如果貓靜止於居家的虎邊，根據「龍動虎靜」的原則，那代表此屋可以讓人住得安穩。

5.**小孩** 小孩靈動力特別強，尤其是嬰孩，由於天靈蓋尚未完全關閉，感應特別強，所以看屋時也可以帶小孩去測試房子的氣場，如果小孩哭鬧不休，那代表這裡的磁場可能就不是那麼好。

6.**盆栽** 許多人會在家中種植盆栽，將植物放在不同的財位，可以判

盆栽可以測試家中氣場。

斷財運興衰。如果植物在財位長得茂盛，代表這個地方氣場通順、氧氣量足夠、採光好。

神：整潔乾淨更能神清氣爽

財神、文昌君是不入髒污之地，因此居家空有好格局、卻很髒亂是不會有好風水的，至少要將房子整理乾淨。

雜亂會影響風水運勢，例如書桌太過雜亂，代表主人工作容易不穩定，思緒煩亂；而陽台雜亂，會影響屋主事業前途的發展。在風

家中要整理乾淨，才能帶來福氣。

水上，環境與運勢息息相關，想要開運，就要將髒亂處徹底整理乾淨；除了房間內不宜髒亂，房屋入口也不宜阻塞。

此外，不好的氣味，也會帶來不好的運氣！如果住家的垃圾沒有定期清理，甚至平常沒有蓋子遮擋氣味飄散，不僅導致髒亂，還會形成討厭的「味煞」，使居住者身體不適，進而影響運勢發展。

相同的，如果飼養的寵物發出異味，也會造成家中主人運勢不佳，身體狀況受影響。所以想飼養寵物，要更努力打掃家裡，也定期替寵物洗澡，讓家裡維持乾淨清爽。

常聽人說：「金窩銀窩不如自己的狗窩。」但是在陽宅風水上，我們可不能把居住空間弄得像狗窩一樣，雖然不用裝潢得富麗堂皇，但還是要抱持著打理成金窩銀窩的態度，將房子打理乾淨，尤其是廚房和廁所這兩個地方，因為潔淨的屋子也會產生一股正面能量，帶來吉利的效果。

上完這堂課，你會發現風水一點也不神秘，了解住宅的「精、氣、神」，也就掌握住風水的大方向！當你真正了解風水的奧義，懂得運用風水原則，自己就能成功而完美的將風水理論與室內設計結合應用，自己創造好風水。

輕鬆看懂
房屋座向與風水方位

第二堂課

家中的座向跟風水是息息相關的,因為不同的座向,內部的風水財位、旺方、跟文昌都會不一樣。所以首先要懂得怎麼找出自己家中的座向。

風水老師最常被問到的問題就是:「公寓(或大樓)建築,究竟要以公寓(大樓)的大門為主,還是以自家的大門為主?也有人說是家中的陽台,究竟要以哪個為準呢?」

房屋座向

其實,房屋座向判定方法很簡單:

人站在屋內看向家宅大門的方向,正面面對的方向若是北方,則為「座南朝北」,面對的方向為西方,則房子的座向為「座東朝西」。

有些房屋的大門則是設計成通過陽台的落地窗,才有大門進出,因此這邊的門是指落地窗外面的大門,做為判斷座向的基礎,而非是落地窗。

　　而整棟大樓的座向是以大樓的大門為主，大樓的風水會整個影響整棟的住戶，但是自家的風水只會影響居住在內的人。所以，自己家的座向與大樓有所差異，仍以自己家的座向影響最大。

　　其實，越常停留的空間對人的影響自然越大，如果一個人老是待在書房，那麼書房的風水自然影響越深遠。

　　判斷出自家的座向之後，也要了解家中各個位置哪裡是財位、哪裡是旺方、哪裡又是文昌，這個是非常重要的一件事，如果長時間在這些區域活動，也能提升大家的運勢。

家中座向，要以落地窗外
的大門為準。

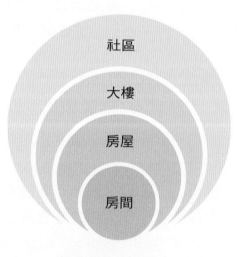

越常停留的空間，
對人的影響越大。

下面就教大家如何判斷：

1. 座南朝北的房子

這個座向的房子，正南方是運勢最好
的地方，財位、旺方與文昌都在此區。
另外東北方也有財位與旺方，可在這
邊增添開運擺飾。

座南朝北

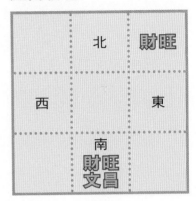

	北	財旺
西		東
	南財旺文昌	

2. 座北朝南的房子

第一個財位位於房屋的西南方，第二
個位置位於房屋的正北方。而旺方的
部分也同樣位於房屋的西南方和正北
方，文昌位位於房屋的東北方。

3. 座西朝東的房子

這個座向的房屋，文昌位在西南方，而財位與旺方都在西北、東
南、正南。

4. 座東朝西的房子

這個座向的房屋，文昌位在西北方，而財位與旺方則在北方與東
南方。

5. 座西北朝東南的房子

一般來說，座西北朝東南的房屋是一個非常值得買的房子，因為

它的財位跟旺方都各自有三個。

第一個財位位於房屋的西北方，第二個位置位於房屋的西方，而第三個為於房屋的正北方。再來是旺方的部分，旺方即代表生旺的方位，以座向的方位來說，旺方與財位都是在相同的位置，也就是房屋的正西方、西北方以及正北方。而最後是文昌位，它位於房屋的正東方。

6. 座東南朝西北的房子

座東南朝西北的房屋比較可惜，只有唯一一個財位，也就是在房屋的東南方。而旺方的部分，第一個也是在房屋的東南方，然後第二個旺方位於房屋正北方。而最後的文昌位第一個也是在房屋的東南方，第二個也是在房屋的西南方。

7. 座東北朝西南的房子

第一個財位位於房屋的東北方，第二個位置位於房屋的西北方。旺方的部分，因為旺方與財位都是在相同的位置，所以就是房屋的東北方及西北方。而最後是文昌位位於房屋的正北方。

8. 座西南朝東北的房子

這個座向的房屋，財位在西方，旺方則在西北方，而文昌位在正北方。

	財位	旺方	文昌
座南朝北	東北方 南方	東北方 南方	正南方
座北朝南	西南方 正北方	西南方 正北方	東北方
座西朝東	西北方 東南方 正南方	西北方 東南方 正南方	西南方
座東朝西	北方 東南方	北方 東南方	西北方
座西北朝東南	西北方 西方 正北方	西北方 西方 正北方	正東方
座東南朝西北	東南方	東南方 正北方	東南方 西南方
座東北朝西南	東北方 西北方	東北方 西北方	正北方
座西南朝東北	西方	西北方	正北方

　　此外，謝沅瑾老師建議以上這些財位的位置可以放置招財神獸，如貔貅，用以添財。而旺方跟文昌如果在廁所的話可以放土種黃金葛跟投射燈。

風水方位

搞懂居家座向之後，再來要瞭解風水方位。風水中有句話：「左青龍、右白虎、前朱雀、後玄武。」這四大靈獸的位置，是風水中的重要指標。

要判別風水方位，站在室內向家宅的大門外望出去時，左邊的方向就是指陽宅的「青龍」，右邊則是「白虎」。而在房間也是一樣的判別方式，站在房間中央面對房間門口，左手邊就是龍邊，右手邊就是虎邊。

至於前後方向就比較沒有問題了，以門口為主，門的前方就是「朱雀方」，後面則是「玄武方」。

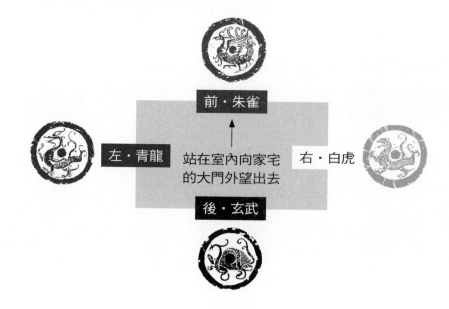

前・朱雀

左・青龍　站在室內向家宅的大門外望出去　右・白虎

後・玄武

風水方位有四個最重要的大原則：

1. 龍高虎低：

祥龍飛於天際，猛虎行於地面，所以在風水中，龍邊的傢俱擺設要高，虎邊則要比龍邊低一點。如果住家右邊為高大建築物，左側沒有建築物，形成右高左低之局，容易帶來意外的血光之災，男主人事業也會受阻，可以的話，最好選擇左高右低的格局。

但如果家宅正好是右高左低的格局，化解方式，是在住家正面安置開光過的山海鎮。

屋後有靠，屋前有河，是很好的格局。

2. **龍怕臭、虎怕吵：**

龍是吉祥的動物，所以要避免在臭氣薰天的位置，整齊清潔為宜。虎是兇猛的動物，所以要避免吵雜的環境，擾動老虎的情緒。所以龍邊可以有動力，虎邊則要安靜。

從這個原則看來，廁所、廚房最好安排在房屋右側，而電視、音響、電話盡量放置在房屋左側。

3. **玄武要有靠：**

玄武是一種由龜和蛇組合成的一種靈獸，需要有穩重的靠山，以守衛居家財運。

4. **朱雀愛潔淨：**

朱雀也就是鳳凰，喜愛潔淨的環境，因此門前、窗前都要保持乾淨，才能帶來好運。

這些原則不僅在屋內適用，屋外也可使用，例如，從前陽台看出去，在左手龍邊位置有一條河，河水的方向是由左向右流動，龍門進虎口出，就像是財水流進家裡。但是如果河水是由右向左流去就沒那麼好，一樣可帶來財運，但比較不會積極的去賺，對於事業會比較懶散。

謝沅瑾老師還說，除了河流之外，橋樑、馬路的車子方向如果一樣是由左向右也是可以帶來財運的，但還是要注意橋樑河流的方

向，如果是正對就是路沖，會帶來血光意外，路沖在屋後則會犯小人，橋樑正對則會導致事業失敗。

風水方位也有衍生的含意，在風水中，左青龍代表著男性的發展、右白虎則象徵女性的運勢。這些方位的格局擺設除了會影響事業發展、人際關係之外，房屋的風水跟感情也是有很大的關係。女性如果想要有個穩定的交往對象，就要非常注意一進門的龍邊。

詹惟中老師表示，進門龍邊如果是牆壁的話，想要交往異性會變得較不容易，這時可以透過在龍邊擺放冷氣、電視，因為「龍動虎靜」，增添福氣。如果你家剛好還沒有確定家裡的冷氣、電視要擺在哪裡的話，就趕快移過去吧！

屋外若有河流，最好可以是由左向右流。

三步驟挑選開運屋

「有土斯有財」是台灣人普遍傳承的想法，所以自有住宅率一直很高，大部分人的人生目標都是至少要有一幢屬於自己的房子。

不過，現在房價高漲，擁有一幢房子愈來愈不容易。好不容易有錢可以買屋，當然要對風水格局斤斤計較；就算是租屋，也要慎選，因為挑對好房子，可以讓我們的人生運勢一帆風順，甚至好上二十年。

第一步驟，看懂平面圖

買房子的時候，除了會看建物謄本、房屋權狀等資料以外，我們一定都會看房子的平面圖，為什麼要看平面圖呢？因為房屋格局對風水影響甚大。

詹惟中老師表示，利用平面圖就已經可以讓我們在挑選房子時避開一些煞氣，所以應該多了解。

1. 平面圖可以看出房屋格局是否方正平整

現在很多想要三代同堂的家庭，會買相鄰的兩間房屋打通，打通前風水格局可能都很好，打通完

卻不一定是好的，這需要多多注意一下。

此外也要注意每個房間是否方正，方方正正就是好風水的象徵。

2. 在平面圖畫上對角線，看是否有廁、灶、樓梯居中

「廁居中」、「灶居中」、「梯居中」，這都是風水不好的格局，會形成家運敗壞、血光不斷。這種格局許多時候是屋主自己造成的，比如公寓式房子兩間打通，左右兩邊格局是一樣的，中間常常就是廚房或廁所。

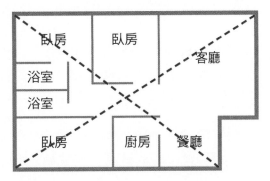

在平面圖上畫對角線，可以看出是否有廁、灶、樓梯居中的情形。

另外，打通時候一定要把中間牆整面打掉，不要還留一個門，否則又會形成「房中房」的情形，風水上容易「大房娶二房」，形成男主人的爛桃花。

3. 檢視樑柱的位置

平面圖會標注樑柱，讓屋主可以在擺設上參考，提前檢視是否有「房中針」、「穿心煞」等情形，避免樑柱在客廳或房間的正中

間，或是穿過大門。

門對門，很容易從平面圖中檢視，再利用室內設計做修飾。

4. 檢視是否有門對門的格局。

門對門會造成一種對撞的感覺，形成「門煞」，應避免掉。

謝沅瑾老師也認為，房屋形狀也會帶來不同的運勢影響，這也是購屋前必須注意的地方。如果格局不方正，房屋左右長度不一樣，是不會影響到運勢；但如果前後寬度不一，就有影響：

- 屋前寬屋後窄形成畚箕形，易漏財。
- 屋前窄屋後寬形成魚簍型，則能夠賺得到錢。

第二步驟，屋宅環境「四不三沒有」

用平面圖了解內部格局之後，再來要明瞭外在環境。每個人應該都希望住在一個生活機能好的環境，這也是為什麼有些同樣地段，房價卻還是有落差的原因。

一個好的生活環境，周邊最好要會有學校、公園、便利商店等等設施，讓小孩上學、午後散步或是要買東西都相當的方便。但有些

挑高的樓中樓注意事項

很多人挑選房屋時，特別是單身又有財力的上班族，喜歡挑選樓中樓套房；現在很多電梯大樓，也都有這種樓中樓的設計，一來覺得客廳變高了感覺更氣派，二來二樓可以俯瞰到樓下，也別有一番風味。

但在挑選這種樓中樓的時候，有三個基本要注意的地方，才可以讓家裡的風水好上加好。

1. 樓中樓基本高度要在五呎八以上（文公尺測量）

樓中樓挑高不夠，容易造成壓迫感，特別是樓下如果低到要彎腰，氣場會被綁住，在運勢上會處處要向人家低頭。

2. 下盤要穩固，代表樓下的風水要好

樓中樓的上層風水再好，下盤不穩固也沒有用，得要「老樹盤根」才好，而樓下要穩重的話宜設客廳，避免格局上下顛倒，否則會造成陰陽顛倒的情形，男生像女生、女生像男生。

3. 不能全面夾層，需保留部分挑高空間

樓中樓中夾層不宜全部隔起來，同第一點的原因一樣，會造成氣散不開，影響到貴人的前來。

良好的生活機能雖然好，卻最好不要在居家環境附近，例如第一個「不」就是醫院；因為醫院通常都是很多的患者，磁場並不好，居家環境旁邊就是醫院也容易造成吵雜與身體不適。

再來，挑選房屋時也盡量不要挑在墳地、刑場、或深山偏僻處，這「三不」也是我們在挑選住宅地時要避開的地方。

許多人會問，現在有許多社區都是依山而建，這樣的房子可以選嗎？如果是社區已具規模，那就不是偏僻處，選擇的時候只要避免以下三點：

依山而建的社區，只要不是偏僻處，還是可以選擇的。

1. 大頭屋，煩惱多

房子沿著山坡而蓋形成上大下小，像一個頭兩個大，煩惱容易增多。

2. 根基不穩、地緣不平

要注意家裡有無地板龜裂，會影響身體健康。

3. 淋頭水

大量的水從上沖刷而下，就是不好的風水，所以要避免頂樓滲水，或是後院排水不佳，這些都容易讓房子潮濕有壁癌，要做好防水措施。

而「三沒有」就是請選在沒有低窪、沒有拱起（如龜形基地）、沒有新填平地基的地方。

因為房屋外部格局變動大不易，請在挑選前多做點功課，不要靠近醫院、墳地、刑場、深山偏僻處，而且附近沒有低窪、拱起與新填平地基，這些都有助於居家運勢從此一把罩。

第三步驟，外部風水招來「外地財」

挑選房子時，可以就外部風水招來「外地財」。

化解懸空屋與包袱屋

有些房屋因為設計關係，二樓住戶下方可能是騎樓甚至是車道，就會形成「懸空屋」，這時候住二樓的人需要小心，三樓以上就沒有關係。

湯鎮瑋老師表示，如果住在這樣的懸空屋，可以在地板裡鋪滿五色水晶或錢幣，提升地氣來化解。若是沒辦法整個地面鋪五色水晶，可以在四個角落擺白水晶柱，或是在四個角落各放八個十塊錢硬幣，都是可以化解的。

另外，若是把原本防火巷等搭建起來當作房間，就形成「包袱屋」，等同於屋子的腫瘤，人住在裡面會對身體健康有影響，尤其是慢性病會不容易痊癒，也使事業不順，容易犯小人。化解方式是在房間四個角落擺上白水晶柱或葫蘆。

而後陽台若有多出的空間，這種包袱屋形式稱為「盜賊相」，因為小偷很容易就可以攀爬到你家；另外就是子女易不孝，未婚者則容易遇小人或被騙、背債。

湯鎮瑋老師的化解方式，是要區隔後陽台與多出來的空間，若是有設置前往公設或社區的門則要關起。

把原本防火巷或後陽台搭建起來當房間，就形成「包袱屋」，對屋主健康不佳。

1. 外地財格局一：整棟建築內凹，可以接收財氣

詹惟中老師表示，整棟建築向內凹，也就是那種ㄇ字型的社區，凹陷處就像有個深不可測的空間一樣，可以讓財氣向內聚集，住在這裡的住戶都會蠻有財運的。

2. 外地財格局二：天羅開闊，貴人相助

我們都希望人生中有貴人的相助，除了事業上可以一帆風順以外，感情、家庭甚至生活中都能有貴人運。詹惟中老師表示，透過風水吸引貴人，最好家門不要有壓迫感，房屋很小也沒關係；另外，天花板高象徵天羅，會使人高人一等、有貴人提攜的作用。

3. 外地財格局三：窗外有遠景，可賺遠方財

買過公寓大樓的人都知道，頂樓房價永遠是最貴的，除了可以眺望遠方的風景以外，高樓層的空氣通常也比較好；而且一定

大門開闊、天花板高度夠，讓自己可以高人一等、添增貴人運。

樓層以上，馬路的車輛及喧囂吵鬧聲都是傳不上來的。但還有很重要的一點是：頂樓的遠景可以幫助自己帶來遠方的財富。

詹惟中老師表示，如果從窗外看出去的景象是開闊的話，遠景無限，也象徵著事業及財富是沒有界限且蒸蒸日上的，不管對於上班族或是自己當老闆都是一大好處。

窗外有遠景，是絕佳的好風水。

陳年老屋如何判斷好壞？

許多人因為預算或喜好考量，會購買屋齡較大的房屋，在挑選前必須注意陳年老屋的狀況。

詹惟中老師建議挑選陳年老屋時，若有以下這六點可要好好裝修一番，以免造成不良風水影響：

1. 開水龍頭，漱口水看有沒有怪味道，有無管線問題。

2. 看外觀電線有沒有外露。

3. 牆壁是否有脫落，或是壁癌。

4. 地板有無龜裂碎石，否則路途坎坷。

5. 屋外鋼筋有沒有外露，形成「露骨煞」。

6. 仔細聽聽管線有無噪音。

風水！有關係 窗外得天獨厚「外地財」！

陰陽五行，生生不息

第四堂課

只要開始談論風水，不管是座向、方位、還是生肖，一定都脫離不了最基本的陰陽五行：木、火、土、金、水。

風水老師也都常常提到「水水相生，非常加分」、「木火相生，這樣的座向有利於財運與人脈」，那到底誰跟誰相剋？誰跟誰又相生？什麼樣的性質適合擺在一起？這些基本的觀念就來自於「五行」。

五行基礎原理

陰陽五行，是風水中最基本的原理，小至世界組成、大至宇宙循環，都是五行的作用。

因此，想要了解風水，就必須先學會五行的基本原理與基礎概念，因為五行各有不同特質與性能。

- 木，指樹木，植物具有生長、升發的特性。
- 火，指火焰，火焰具有發熱、向上的特性。
- 土，指土壤，大地具有種植萬物的特性。
- 金，指金屬，金屬具有肅殺、變革的特性。
- 水，指水，水具有滋潤、向下的特性。

古人基於這樣子的認識，把宇宙間各種事物分別歸屬於五行，所以連大自然的現象也都可以用「木、火、土、金、水」這五種性質來區分。在概念上，已經不是「木、火、土、金、水」本身五種性質，而是將這五種特性比擬為各種現象，成為一種抽象的性能。

這五種概念所產生的變化，使得宇宙萬物循環不已，同時也會影響到人的生活環境。

五行相生原理

了解五行的基礎原理之後，接下來就可以開始探討五行之間的對應關係。五行相生的原理如下：

- **木生火**：木會因為火而燃燒，甚至會自燃化生為火，故有木生火的原理。
- **火生土**：火燒盡以後會成為灰燼，化生為泥土，故有火生土的原理。
- **土生金**：土中包含了一切的金屬礦物，而礦物會被開採提煉化生為金屬，故有土生金的原理。
- **金生水**：加熱後的金屬經過冷卻後，會產生小水滴凝結在金屬上化生為水，故有金生水的原理。
- **水生木**：水會灌溉樹木讓樹木生生不息長大，水化生為木，故有水生木的原理。

五行相剋原理

萬物都有相剋之物，五行會相生，也彼此有相剋的關係。五行相剋的原理如下：

- **木剋土**：木為什麼能夠剋土？因為無論再堅硬的土石，植物都能攀附而生，而且在樹木成長的過程中，會帶走土壤裡面的養分，故有木剋土的原理。

- **土剋水**：土為什麼能夠剋水？因為土能夠改變水的流向，也可以將水禁錮在某一個地方，就像俗語所說的「水來土掩」一樣，故有土剋水的原理。

- **水剋火**：水為什麼能夠剋火？因為水能夠將火撲滅，這也是大家知道哪裡失火，第一個想到的就是用水去滅火一樣，故有水剋火的原理。

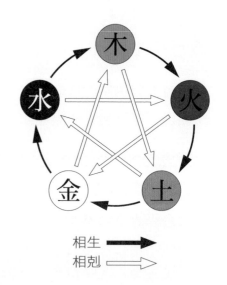

- **火剋金**：火為什麼能夠剋金？因為只要是金屬，在用火加熱到某一個程度的時候，均會融化，故有火剋金的原理。

- **金剋木**：金為什麼能夠剋木？因為金屬可鍛製成斧頭用以劈材、砍伐木頭，故有金剋木的原理。

五行與色彩對照

顏色在風水中是非常重要的一環，因為自然萬物本來就是色彩斑斕，人生充滿色彩，家居自然也是五顏六色。想要利用顏色來調整風水磁場，當然也要了解每個顏色背後的含意；五行屬性不同，所代表的顏色也不同，所產生的能量影響也大大的不同。

木＝綠色、青色

火＝紅色

土＝黃色、咖啡色

金＝白色、金黃色

水＝黑色、藍色、紫色

房屋的室內設計色系除了隨屋主個人的喜好，最好也藉由五行的相生相剋原理，讓居家達到陰陽平衡，為家人帶來良好的健康，人際關係，財運……等等。

例如居家環境中常有很多收納空間，很多人喜歡買紅木櫃來放一些擺飾。根據五行「木生火」的原理，紅木櫃裡面適合擺放紅色、綠色的飾品，有加分的作用，可以提升運勢。

善用五行，選擇適合的水晶擺飾，是開運妙方。

詹惟中老師表示，五行的顏色分別可以這樣解釋：紅色屬火，可加強熱情；綠色為木，能增長智慧；白色屬金，可亨通財運；米色與黃色屬土，代表包容；藍色、紫色、黑色屬水，代表人際關係能夠圓融。我們可以依據自己目前祈求的願望，將牆壁粉刷成適合顏色；換句話說，只要運用簡單的五行顏色，就可以改變風水、改變運勢。

簡易五行色彩開運方法：

顏色	五行	效果
紅色	火	熱情
綠色	木	智慧
白色	金	財運
米色、黃色	土	能量、包容
藍色、紫色、黑色	水	圓融

五行與形狀的關係

了解五行基礎觀念以後，就可以開始根據居家生活的布置、裝潢、傢俱來改變風水。

其中，傢俱擺放位置跟座向會與風水有關以外，傢俱的形狀也與風水中的五行息息相關；什麼樣的形狀配上什麼樣的顏色，都是能讓財運與運勢上一帆風順的關鍵。

木＝長方形　　火＝三角形　　土＝方形
金＝半圓形　　水＝圓形

再來就是要靈活運用五行與形狀的原理。例如，每個人家裡都有衣櫃，而大部分都是長方形的木衣櫃，這種長形櫃五行屬木，因為

長形房屬木，可以讓屋主步步高升。

「水木相生」、「木火相生」，以五行顏色來看，適合擺放藍、紫、黑、紅等顏色的寶石，能夠互相提升能量。

再舉個例子，有些人家裡會擺圓形魚缸，圓形容器五行中屬金，因為「土金相生」，在魚缸中擺放銅板可增加財運，達到聚財的效果。

也有些人對於房間形狀會有些疑慮，如果房間不方正在風水上會有影響嗎？謝沅瑾老師解釋，房間不方正沒關係，只要不要有缺角就可以了。但如果太不方正，或天花板傾斜如閣樓式的房間，在裡面很容易有壓迫感，也會因為高度導致房間溫度不一樣而容易生病。

而詹惟中老師表示，不同房子或房間的形狀也會有以下不同的影響：

勾形房	屬水，像水流一樣不規則，會導致人丁不旺、夫妻不孕
L形房	本為方正的格局卻有多出區塊，像菜刀一樣，易造成血光
三角形火型房	屬火，容易造成脾氣火爆易煩躁，易與人吵架
長形房	屬木，會有步步高升的運勢
正方形房	屬土，是會帶有財氣的房子

由上述可見，風水中對應五行的應用延伸範圍非常廣泛。

五行五色五地開運法

風水知識

五行除了可以用到住宅之外，也能將這樣的概念帶在身上喔！

比如每個人都有皮包，有些人用短皮夾、有些人用長皮夾，除了擺放錢財、證件、發票等東西以外，詹惟中老師也要教大家一種「五行五色五地開運法」。

首先，在皮夾內放五張不同國家、不同顏色的鈔票，盡量要涵蓋紅、黃、綠、紫、白等五色，來代表東、南、西、北、中等五個方位，這樣的做法可以透過鈔票幫我們開運。

像詹惟中老師的皮夾內就都有放加拿大幣、港幣、美元、日圓和新台幣等五種紙鈔，而且一定要挑富裕國家的鈔票來蒐集。

十二生肖與風水擺設

懂得了五行，再來要了解十二生肖。表面上看起來，生肖只是年份的流轉順序；事實上，就跟五行一樣，十二生肖也各有相吸與相剋的關係，這與我們的感情、事業、健康都大有關係。

只要依照十二生肖中動物的屬性，找到與自己最適合配對的生肖擺飾或圖騰來幫助自己開運，就能夠招來好風水。

生肖圖騰風水解析

除了每個人有不同生肖之外，動物圖騰也與生肖大有關係。所以，要擺放圖騰之前，要先了解生肖之間的關係，才能真正做到開運的妙用。

● 十二生肖相生表：

風水上稱為「三合」，這是種「明合」，光明正大的合作；也就是各三種生肖的吉配，缺一不可，共有四組。只要將自己的生肖往前及往後加四個順序、也就是中間隔了三個生肖，那兩個生肖就是「互

補」生肖，也就是「三合」。

| 1. 豬兔羊 | 2. 虎馬狗 | 3. 蛇雞牛 | 4. 猴鼠龍 |

- 十二生肖相合表：

風水上稱為「六合」，這是種「暗合」，暗中幫助你的貴人；六合不是六個生肖組成，而是六組互相為「貴人」的生肖。在相處上不僅融洽，還更願意幫助對方，如果是想要加強運勢的人，就可以利用十二生肖的貴人，讓「貴人扶助，小人遠之」。

| 1. 鼠牛 | 2. 虎豬 | 3. 兔狗 | 4. 龍雞 | 5. 蛇猴 | 6. 馬羊 |

- 十二生肖相沖表：

有些生肖的人因為想法觀念不同，常常造就觀念上的衝突，應該要避免合作。

| 1. 鼠沖馬 | 2. 牛沖羊 | 3. 虎沖猴 |
| 4. 兔沖雞 | 5. 龍沖狗 | 6. 蛇沖豬 |

十二生肖互補開運法

每個人都會有屬於自己的生肖，想在風水上讓事業、運勢等更加分的話，就必須找到屬於自己的互補生肖，然後藉由圖騰、擺飾、或是其他裝飾物品，來為自己的人生加分。

以一個家庭來講，如果家人的生肖剛好有屬猴、鼠、龍的話，在風水中我們稱之為「三合」，適合擺放以上三種動物的圖騰或擺飾在家裡，可以有互補增加運勢的功用。

舉例來說，如果先生屬猴，而老婆屬龍，那家裡就適合擺有鼠的圖騰或擺飾，譬如金屬、銅雕或木雕的老鼠，或是具有老鼠象徵性的物品，這都是非常加分的，因為符合上述「三合」。

那如果這對夫婦剛好都是屬老鼠的話，家裡放猴的圖騰或龍的圖騰也是非常好的。這些都應用了「三合補齊」的原則。

如果老公剛好屬龍，而老婆剛好屬雞的話，龍、雞的這兩個生肖我們在風水稱為「六合」，兩人互為對方的貴人，是一個非常加分的系列。

但如果先生屬龍，老婆屬馬，夫妻沒有在同一系列，在這種情況下，我們就不能以互補開運法來加分。這時候，可以各用自己的「三合」或「六合」，來擺放開運物品，例如先生想要有貴人相助，可以

屬兔、羊、虎的人，可以善用豬擺飾為自己開運。

在家中擺上雞的開運物。但千萬不要擺狗的吊飾，因為龍與狗是相沖的。而馬羊在風水中為「六合」的組合，如果老婆想讓運氣更順利，則可以找羊的開運物。

另外，若是夫妻一個屬狗，一個屬鼠，以為龍很吉祥，加上龍與鼠屬於「三合」，便在家裡掛了龍的圖騰，卻忽略了屬狗的與龍不合，這樣的做法不但不能開運，還會剋到屬狗的那一個人。所以，居家擺設應該要找對兩人生肖都有加分的圖騰，才是對的做法。

有些人可能會說，夫妻或朋友剛好生肖相合太難了。其實這就是一種「機緣」，緣分到了，生肖互補這種狀況是很容易發生的。

文字也能找出相合生肖

不是每個人家裡都喜歡掛一些動物圖騰或擺飾，這時候我們就可以透過「文字」來解決；因為字跟詩詞書畫都可以是種符咒，這是大中華文化在文學造詣上的獨特之處。

像許多的詩、詞、賦的字裡行間及許多成語中，都會有一些關於動物的關鍵字，例如「三陽開泰」、「龍騰虎嘯」等等，就是透過象形、指事、會意、轉注、假借等方式來展現動物的特徵。

像「風」這個字，風中本身帶蟲，蟲就是「蛇」的意思；而「鳴」這個字，鳴中帶鳥，鳥就是「雞」的意思，所以很多文字的字裡行間裡面都暗藏十二生肖的動物或是具有象徵動物代表性的字。

因此，除了擺開運動物，也能掛些書畫，增加一點文藝氣息喔！

居家生肖圖騰與擺飾要慎選，才能為屋主加分。

 風水！有關係 十二生肖最佳風水擺飾！

善用風水工具

想要了解風水，也可以利用工具，其中羅盤與文公尺，就是最基本的工具。

以前看風水大師拿著羅盤看方位，覺得是非常專業的事；現在因為智慧型手機盛行，只要下載羅盤軟體，也能輕鬆判斷住宅的座向，讓羅盤變得平易近人許多。不過，手機軟體的準確度還是不如真正的羅盤。

而許多人家裡會有的文公尺，其實是非常好用的工具，學會之後，才會知道「尺寸不重要，但尺碼很重要」。

下面就來一起了解怎麼使用這些風水工具吧！

羅盤

提到風水就馬上聯想到羅盤。很多人認為這只是一個指南針，但是對風水師來說，它卻是一個最重要的親密戰友，沒有羅盤就無法為我們準確地指示各方位。

　　所以很多老師不只用一個羅盤，「閭山派」的一玄老師就表示閭山派看陽宅配合《黃帝宅經》，利用羅盤來確認磁場，判斷風水好壞，因此他們會用子母羅盤，大的羅盤有三百六十度可以觀測格局；小的羅盤為一百八十度用以判斷磁場，比較靈敏。

　　因此想要更詳細了解自家風水，羅盤確實提供一個方向：

1. 羅盤中央是一個圓形天池，天池內的磁針造型有一個小圓圈的頭指向北，而針狀的那一頭指向南。

2. 外面是銅面黑底金字的活動轉盤，稱內盤或圓盤盤上一圈圈的堆滿著字，其中有一層是二十四方位。

3. 最外是方形盤身，稱為外盤或方盤。

　　剛接觸風水的人在看羅盤時可能會一頭霧水，因為上面一圈一圈的刻度錯綜複雜，讓人不知道該從何看起，但是如果只是簡單判斷座向，需要知道的部分其實很單純，下面就大略解釋羅盤的使用方法。

1. 首先，使用羅盤時要注意附近有沒有會干擾天池指針作業的東西，比如說手機、大量的金屬、電器等，在測量房屋座向時最好遠離這些東西，不然會使結果出現誤差。

羅盤中的二十四座山角度（本圖第二圈），可以用於判斷房屋座向。

2. 使用羅盤量方位時，第一步要把羅盤放平，接著要讓指針跟天池中的紅線重疊，紅線有兩個小紅點的方向跟指針有小圓圈的那一頭重疊，換句話說就是要用指南針完全把紅線蓋住，在完成這個步驟後我們才能確定屋內的方位。

3. 羅盤上有二十多層，究竟那一層才是座向呢？這就是看盤面正針上面有反紅的刻度，紅色指針指向的二十四座山角度，這主要就是用於判斷房子的座向。

　　因為有不同的派別，所以在羅盤的內容上，也會有所差異，但萬變不離其中。一般風水只要認識天池跟外盤正針，這兩部分是最基本的也是最重要的即可。

文公尺

　　「文公尺」是風水中專門用來推算尺寸吉凶的風水用具，「文公尺」分為「魯班尺」與「丁蘭尺」，分別由魯班與其妻丁蘭發明。

　　「魯班尺」主要用來測量陽宅，包括建築、土木、門窗、走道、傢俱等陽宅興建的長度測量；而「丁蘭尺」則用於墓園、立碑、廟宇建造等陰宅相關的長度測量。一般將測量陽宅與陰宅的合而為一，所以一捲尺就可以測量了。

文公尺上的八個字是：財、病、離、義、官、劫、害、本，在每一個字底下，又分為四小字，來區分吉凶意義。其八個字及附帶的小標格分別代表的吉凶含義如下：

- **財**：代表吉，指錢財、才能。

  財德：指在錢財、功德方面有所得。

  寶庫：象徵可以獲得珍貴物品。

  六合：合和美滿。

  迎福：迎接福氣之事。

- **病**：代表傷災病患等不吉利之事。

  退財：損財、破財之意。

  公事：指因公事如貪污受賄及案件官司等。

  牢執：指牢獄之災。

  孤寡：指有孤獨寡居的狀況。

- **離**：代表凶，指六親離散分開。

  長庫：也就是監獄別稱。

  劫財：破耗及耗損錢財。

  官鬼：指有官煞引起之事。

  失脫：物品失落、人離散之意。

- **義**：代表吉，指符合正義及道德規範，或有募捐行善等行為。

  添丁：生子。

  益利：增加財資利祿。

  貴子：日後能顯貴的子嗣。

大吉：吉祥吉利。

- 官：代表吉，指有官運。

  順科：順利通過考試。

  橫財：意外之財。

  進益：收益進益。

  富貴：有財有勢。

- 劫：代表凶，意指遭到搶奪、脅迫等不好的事。

  死別：即離開、永別。

  退口：指有孝服之事。

  離鄉：離鄉背井。

  財失：財物受到損失或丟失。

- 害：代表凶，禍患之意。

  災至：災殃禍患到。

  死絕：死亡。

  病臨：疾病來臨。

  口舌：爭執爭吵。

- 本：代表吉，回歸事物的本位或本體。

  財至：錢財即將到來。

  登科：考試被錄取。

  進寶：招財進寶。

  興旺：興盛旺盛。

· 貳 ·
檢測居家風水
永保全家安康

上過風水自修六堂課之後，再來就是實務的應用了。

許多房子本來格局是好的，卻因為屋主住進去之後，忽略了風水原則，或是沒有保持整齊清潔，讓原先好格局成為枉然。這就好像住在皇宮裡，卻依然是個乞丐，許多時候是住的人造成的。

風水的最大功用，就是要讓屋內氣場流動順暢，並且讓居住者能夠有好的運勢發展；而煞氣就是房子裡面的搗蛋份子，要明瞭風水，也要懂得化解這些煞氣。

接下來，就請應用這些風水老師的智慧結晶，詳細檢視一下自家住宅的風水吧！

玄關風水
招貴人、納財氣

「才一進門，屋內全都一目了然，請問老師這會影響運勢嗎？」這是風水老師最常遇到的玄關格局問題。

現在都會區的住宅，很少設有寬敞的玄關空間，有些小套房甚至連玄關都省略了。沒有玄關，究竟會帶來什麼風水問題呢？

玄關這個概念早在中國古代就已經開始形成；過去四合院裡推門而見的「影壁」，就是玄關。而這樣的觀念甚至影響日本、韓國等國家，他們的居家也都有玄關的格局。

玄關就是住宅入口的區域，是室內與室外之間的一個緩衝空間，進入玄關之後才會看到廳堂。在風水上，玄關通稱為「明堂」，大門以內為「內明堂」，大門以外則是「外明堂」。有了這個區域，就可以讓住家內部有隱密的隔絕，讓室外的灰塵與穢氣不會隨著開門而入內。如果沒有玄關，一

進門就會看見客廳或餐廳，風水上稱之為「開門見廳」或「開門見膳」，在風水上都屬於破財的格局。

遇到這樣的情形，可加裝屏風來化解。但是謝沅瑾老師也提醒大家，屏風的形狀不可以有缺口，使用的隔間材質不能透明，而且不能透光為佳。

布局玄關好風水

玄關扮演著住宅與戶外出入口的重要角色，同時也帶給訪客入門的第一印象，因此玄關乾淨清潔與否，約莫可以看出這家人的生活觀感。玄關雖然面積不大，但位於進出住宅的必經之處，使用頻率高，所以物品如何擺設很重要，以下幾點原則請務必注意：

1. 擺放鞋子和雨傘

鞋子雜亂一地，以及玄關處擺放雨傘，都容易使貴人散去，也讓玄關動線不好，所以盡量不要讓雨傘擺放在玄關，可以放在後陽台或看不見的地方。

選擇鞋櫃時也要注意，如果鞋櫃無門臭氣外溢，也會影響貴人的運勢。

玄關要有有門鞋櫃收納鞋子，才不會影響運勢。

2. 擺放更衣鏡

有些人為了方便，會在玄關擺放一面鏡子，這要留意鏡子的擺放位置。

湯鎮瑋老師表示，「開門見鏡」除了會有口舌是非之外，在大門正前方放鏡子更會將財氣反射出去，使得錢財都留不住，即使賺到也會馬上花掉，一定要避免。

3. 擺放鹽燈

玄關是出入家門的地方，一進屋內如果太過昏暗，也是會影響風水運勢，但是大部分住宅的玄關，都沒有自然光源，因此在採光方面必須多動腦筋。如果位置真的比較昏暗，也可以點鹽燈以提升其亮度和氣場。

4. 擺放招財寶物

很多人在玄關擺放一些寶物，希望達招財進寶的功效，究竟該怎麼放置才正確呢？

開門見鏡，容易有口舌是非。

湯鎮瑋老師建議，想要招財就要把開運物放在玄關，想要聚財就要放置在家中的客廳或臥室；其實也不用擺太多了，例如紫水晶洞、黃水晶球、咬錢蟾蜍、貔貅、佛經……這些開運物皆可擺放玄關。

詹惟中老師也建議，在玄關還可以定期擺放「鮮花」，因為開門見花，不但滿室芳香，也能提升人氣。不過，可別偷懶，擺放假花，這樣會引來虛情假意的人喔！

想要招財，就把寶物放在玄關。

玄關煞氣輕鬆解

　　風水其實不用大興土木，在具有美感的設計中也能導入風水原則！下面就教大家如何在兼具風水擺設與室內美學的方法下，化解煞氣。

1. 穿堂風

　　陽宅第一兇，最忌穿堂風！所謂「穿堂風」就是大門直接正對後門，或對落地窗、陽台，形成強烈對流。

　　只把玄關區隔出來是沒辦法化解穿堂風，一定要讓對流無法形成才能夠化解，所以最好的方式就是擺放屏風，讓氣流無法直線暢通。如果沒有空間擺放屏風，像小套房受限於格局，空間有限，也可以擺放一對麒麟頭向外化解。另外也可以加厚窗簾，或是加裝伸縮自如的風琴簾，若經濟充裕也可以使用調光玻璃，不影響原有結構也不占空間！

2. 川堂煞

　　一打開大門，站在玄關就可以看見所有的房間稱為「川堂煞」，主要影響就是無法招財。

　　化解方式最好是設置玄關，擺放屏風擋住入門的視線。如果沒有位置設置玄關，也可以不影響動線為原則，改在房間門前擺放書櫃或屏風，遮蔽房門去化解。

3. 開門見樑

一進家門最忌諱就是看見樑，就好像你一進門有重物當頭棒喝打在頭上，如果家中有此格局會比較不容易受到長輩或長官的疼愛與支持。

湯鎮瑋老師建議可以用屏風遮擋，讓樑沒有那麼明顯被看到，化解這樣的視覺效果。

「穿堂風」是最不好的格局，可以用厚窗簾來改善。

4. 穿心煞

樑壓大門就是「穿心煞」，也是玄關很嚴重的煞氣，會使人抬不起頭，遇不到貴人。

湯鎮瑋老師提供化解方式，可以掛上九宮八卦牌或白水晶球在大門的樑上。

5. 鬥口煞

詹惟中老師說，一進家門解釋家裡有兩扇門，一扇為大門的宅門，另一扇是進入客廳的廳門，如果這兩扇都為實門，會形成「鬥口煞」，容易有口舌之爭。

化解方式，就是把廳門改成有穿透性的即可。

6. 電箱高過大門，易犯口舌

電箱在五行中屬火，高過大門代表火氣旺，而且門為口，因此會影響情緒起伏，脾氣也會比較大，容易犯口舌。

湯鎮瑋老師提供化解方式，可以掛上牡丹花的畫作，遮擋電箱，也有說話如舌燦蓮花的含意。

7. 玄關櫃子距離大門太近，人丁不聚

大門和玄關的櫃子距離太靠近，就像打開門進門碰壁，動線也不夠寬敞，會導致人丁不聚，在感情上容易有較多問題。

如何檢測家中玄關距離是否恰當？以文公尺丈量，從玄關到櫃子

沒有空間設置玄關，怎麼辦？

擺放屏風，設置玄關空間，是最根本解決方式，也能利用拉門式屏風，減少空間。如果真的無法擺放屏風，也可以在進門處擺設立燈，並且二十四小時點亮，藉由立燈轉圜氣場。或是大門把手上掛上銅鈴，也可以有擋煞招吉的作用。

的底部深度，距離約一百五十五公分以上為佳。如果丈量以後，在文公尺上顯示的不是吉數，可以在門縫塞上十元硬幣，讓財氣可以引入。

此外，玄關代表氣度，太小的話容易會心胸狹隘，所以當然是大一點比較好；但太大也不好，謝沅瑾老師提醒玄關的比例不可以超過客廳的五分之一。

挑好大門好兆頭

玄關的大門，就像我們人的門面，若挑選不好，也會影響運勢發展。

詹惟中老師提醒在材質上最好不要選擇反光的鏡面，因為鏡面門如同空門，門前門後一場空，小人難禁止；而且鏡面門就像冰庫的

冷門，沒有生氣，對事業有不好的影響，也容易影響人脈、人丁不
旺。

化解方法可以在門上貼開運春聯，以增加喜氣，才能轉陰為陽，
或是將鏡面門用霧面貼紙全部貼起來。

居家大門也要注意下列情況：

1. 不要使用子母門

尤其是大門中間有個中空的小門，可以打開看到外面訪客的，很
容易導致錢財空、想法空，個性容易隨遇而安，怠惰不積極，所
以大門還是以單門為佳。

2. 牆面不要有蝴蝶門

蝴蝶門為兩扇門在同一面牆上，但
是開不同的方向。在風水上容易形
成爛桃花，夫妻會發生不同心的問
題，而且爭執也會變多。

湯鎮瑋老師提供化解方式：最好是
將其中一扇門改成隱藏門，或是在
兩扇門上裝上過膝厚重門簾即可。

大門往外推，會把錢財推走，
子母門也不是好選擇。

3. 避免同門不同軸

如果門口有鐵門跟木門，也要注意同門不同軸的問題，這代表家人離心，容易有口舌問題。家人同住容易意見相左，如果是分租的，就會影響住在屋子裡的人，和室友間比較容易有爭執。

謝沅瑾老師提供化解方式，最好就是改門開的方向，如果無法馬上更換，就在門下壓五帝錢，從左至右依序是順治、康熙、雍正、乾隆、嘉慶。

提醒各位家中不僅大門要顧好，其他門也需要定期檢查，有以下情況一定要盡快處理。

a. **門面龜裂**：運勢不佳。

b. **門漆脫落**：面子不留。

c. **門鎖壞掉**：小心宵小進入。

d. **門框斷裂**：口舌是非不斷。

e. **門上有樑**：注意慢性疾病。

門若有上述破損情況，可別隨便找什麼圖片貼著，詹惟中老師表示，門上只能貼神佛的圖像，如果貼人像圖案則會形成「囚」字，容易有官司問題；也不可貼樹木圖案，形成「困」字，運勢會窮困潦倒。

最後提供大家一個小秘方，如果想要增強運勢，也可以利用「孔

方門強運法」。孔方門象徵富門，一般民眾可以將五帝錢或我們現在使用的錢黏在門上，因為孔方是古時候的錢，把錢的樣式做在門上，表示富門，錢財進門。

風水知識

門神須貼在門上才發揮作用

門神是要鎮宅避邪，把門神貼在門上才有作用，貼在旁邊柱子上只能算裝飾，門神位置也要高過門把以上才行

門神相關注意事項（謝沅瑾老師提供）

- 通常是在入宅或除夕時會張貼門神。
- 每年會送神、接神，所以門神也要更換，一般不會任意撕掉門神。
- 通常是家中有喪事時才會遮住門神。
- 門口左邊有個插香的地方，有上香才是有在拜門神。

風水檢測

陽台風水
創造事業好前途

　　建築師在規劃住宅時，往往少不了「陽台」這個空間；但住戶搬進去之前，請室內設計師規劃的時候，又會因應需求，把陽台做不同程度的改造與美化。

　　最常見的就是因為室內的坪數狹小，而把陽台改造成為居家空間，比如廚房；或是直接將陽台外推，以增加室內坪數。

　　陽台是室內最接近陽光的空間，象徵人無法與自然脫離，以風水來說，「陽台」的地位依然是很重要的。

改造前陽台的風水原則

　　前陽台掌管屋主對外的事業財運，一定要保持整潔乾淨。如果裝潢時要外推陽台，也必須注意下列的風水原則：

1. 注意整棟樓層的陽台

當整棟樓的陽台都外推時，屋主把自家陽台外推是不會產生煞氣的。不過，如果是陽台外推後，又將窗台再外推，雖然增加了室內使用空間，但從整棟樓的外觀看起來，這家的窗台特別突出，就會形成一個「孤陽煞」。

這種煞氣容易使人衝動，強出頭，鬧出不必要的是非問題；運勢上容易受人連累，屋主最好不要隨便替人做保。

保留前陽台，讓窗外遠景可以延攬入屋內，是很好的風水。

湯鎮瑋老師提醒遇到這種煞氣時，可以利用密宗法寶「天馬旗」化解煞氣。將「天馬旗」掛在窗台外面利用風的力量，象徵讓經文隨風飄揚，加持在外面的眾生，化解冤親債主，反而可以造福眾生。

2. 陽台地板與室內地板要做出區隔

如果將陽台施工外推，會讓原本住宅與外界少了一個緩衝的空間，謝沅瑾老師建議可以用木質地板與原本室內空間做區隔，或是在施工時放三十六枚五帝錢或一六八枚硬幣、黃白水晶碎石在地板裡面。

3. 保留窗戶採光充足

若窗外周遭有遠景，可以帶來遠方財，改造陽台時一定要保留窗戶。而且「窗」在風水中象徵為「眼」，窗戶前方不可有遮蔽物，至少窗的正前方不可有物品阻擋，視線範圍內清空即可，否則容易識人不清、被背叛。

詹惟中老師強調窗外有裝抽風機，也不可在眼睛直線範圍內；抽風機裝在氣窗上為佳。

許多人把陽台外推，又把窗台外推，容易形成煞氣。

後陽台的風水要點

許多屋主會把後陽台當成堆放雜物之處，不過，後陽台攸關子女的前途發展，所以放置物品也是需要規劃的，下列幾個要點請特別注意：

1. 後陽台開門見火，易導致脾氣火爆

熱水器裝在後陽台，就像是一開門見看見火，容易導致居住者脾

低樓層遠景受限，照樣可以創造遠方財

買房子究竟要買高樓層還是低樓層呢？對於預算充足的屋主來說，高樓層比較安靜、不會吵雜，而且高樓層風景好，在風水上可以賺到遠方財。但如果預算不是那麼充足的人要怎麼辦？

其實，低樓層的房子只要窗外無阻礙物，一樣也可以獲得遠方財的。比如說，如果房子買在稍微郊區的地方，就可以從以下三種方式賺到遠方財：

　1. 客廳開闊。　　2. 窗外有遠景。　　3. 可以看見天空。

氣暴躁，嚴重的還會影響健康、不孕和夫妻間的關係。

詹惟中老師表示，只要熱水器不要放在一打開門就看見的位置即可化解。

2. 後陽台曬衣，易犯小人

將衣服晾在陽台形成「鬼衣煞」，從窗外看出去衣服如同一個人形，應該避開在窗戶前曬衣服。

詹惟中老師表示，不論前後陽台，都要保持乾淨，前陽台代表事業和運勢，為了讓前途一片看好，盡量不要在陽台門開的出入口

樓層低不代表沒有遠方財，指要客廳開闊、採光充足，還是好風水。

曬衣服，否則前途發展都被衣服遮掩了。

3. 後陽台冷氣壓縮機大，使事業發展無退路

湯鎮瑋老師提醒後陽台宜保持乾淨，如果後陽台佈滿灰塵，又有一台很大的冷氣機器佔據空間，會讓屋主的事業發展死無退路。

4. 後陽台同門不同軸，和小孩意見容易不同

後陽台的門如果同門不同軸，主要是影響父母和小孩的關係，小孩容易爬到父母頭上。

湯鎮瑋老師提供化解方式：如果改成同軸另一扇門會影響動線，可以拆掉一扇門。

5. 雜物不可阻擋後陽台門口，子女發展易受阻

後陽台不常進出，有些屋主會將雜物堆放在入口，這樣容易使子女的事業運勢發展受到阻礙，在工作上的煩惱雜事也會特別多。

另外，前陽台是事業舞台，擺放障礙物會阻礙前途發展，而「門為口、窗為眼」，太多雜物也會導致眼光比較短淺，感情部分識人不清，所以這些通道最好清理乾淨，保持暢通。

後陽台堆放雜物，容易阻擋子女發展。

6. 窗外鐵窗造成「官司煞」

很多家長為了怕小孩子的安全，特地在陽台上加裝鐵窗，而在風水上這會有一種禁錮的感覺。

詹惟中老師表示，因為加裝鐵窗會讓看出去的感覺像是在監牢，容易引起官司，這時候可以透過貼霧面貼紙在鐵窗上來化解。

自製後陽台，打造子孫前途

沒有後陽台的房子，要怎麼為子孫打造好風水？

任何格局都是依照放置的物品來代表空間概念，例如某個空間放置書桌就代表書房，放置了馬桶就代表廁所；所以如果家中沒有後陽台，也可以在某個空間裡，放置洗衣機代表後陽台格局。

想要自製一個後陽台，不一定要在一個開放空間，詹惟中老師表示，後陽台就是曬衣服、洗衣服的地方，因此只要把握採光佳，能讓濕氣、臭氣外溢的原則，即可讓後代子孫也有發展空間。

另外，就算房子格局有前後陽台，也要注意陽台空間大小！前陽台掌管屋主對外的事業財運，而後陽台影響後代子孫運勢，若是後陽台比前陽台大，容易有後輩或子女難管教的問題；有這樣的房屋格局時，可在前陽台擺放盆栽，化解這一問題。

在風水上，陽台關係到居住者的前途與官運，一定要好好規劃整理，才不會影響全家大小的事業財運。

家中只有後陽台或前陽台，怎麼辦？

如果家中只有後陽台，沒有前陽台，事業工作發展會有影響。謝沅瑾老師教大家一個方法，可以製造一個前陽台為事業加分：只要在後陽台門打開的另一邊當作前陽台，將此區域墊高一層，在裡面鋪上三十六枚五帝錢即可。

相反的，如果家中只有前陽台，而室內已經完全沒有空間做後陽台的話，為了家中子女有更好的發展，也可以在前陽台墊高一部分，將沒有墊高的地方當成後陽台。

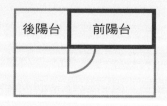

當然，如果家中沒有子女，也無需特別製造後陽台喔！

客廳風水
聚人又聚財

　　客廳是家人互動、交友會客的主要活動空間，通常也是家中面積最大的地方，所以客廳風水布局的好壞，直接影響到家運的興衰。

　　客廳在風水中的地位就像人的心臟，客廳太小會導致氣血循環不佳，使人缺乏活動力，因此謝沅瑾老師建議客廳至少要有房子空間的四分之一大。此外，家中傢俱的擺設攸關風水好壞，也影響居家生活動線的方便程度。有些人因為租房子住所以客廳就不擺放沙發，用躺椅替代，這其實是會影響運勢的。詹惟中老師建議一定要有主座位，在風水中沙發為水，水為財，若沒有沙發主座位，會影響貴人運及財運，甚至要成家會比較困難。

　　在添購傢俱時，也要特別注意傢俱與客廳空間的比例原則，如果傢俱過大，形成風水中「山多水少」的問題，象徵山的傢俱過大，會形成太多阻礙，象徵水的通路太過狹窄，錢財就進不來了。此外，也

會容易有奴欺主、小犯上的問題，最好捨棄不適當的傢俱。相反的客廳坪數過大、傢俱的比例過小，則氣場不聚，會有疾病纏身，最好添購合適尺寸的傢俱或擺放山水畫。

客廳風水擺設重點

風水當然可以自修與 DIY，像是客廳擺設，就有以下方式可以加強屋主運勢。

1. 三水開運法

風水有句話說：「山主人丁，水主財。」水會聚氣，當室內有水流動，氣場就會靜止，可以聚集財氣，所以有水就有財。

因此我們可以利用三種不同的水來生財：

a. 山水畫，因為這種水是不會動的水，稱之為「陰水」。

b. 盆栽，植物在五行中屬木，而水木相生，所以稱之為「暗水」。

c. 流水盆，會定時流動真正的水，稱之為「陽水」。流水要朝向財位，才能聚財。

這三項如果放置於客廳的龍邊，代表男主人動能無限、財水可收。若是女生則可以擺放在客廳的虎邊，而水流不宜過強，以免

虎強龍弱，女生經濟壓力過大。不論擺放何處，水一定要乾淨才能更加聚財。

2. 八卦開運法

大理石和木頭材質相接，象徵八卦開運。一般民眾家也可以用不同材質達成這種風水妙招，或簡易擺放有八卦圖騰的東西即可。

此外，詹惟中老師表示大理石為寶山，客廳使用大理石可作為靠山，沙發背有靠，座位上無樑壓頂，而且客廳可以使用米色系，米色大理石在五行中為土，代表客人可以從四面八方來。

3. 客廳最佳開運物

客廳擺上一些開運物會更加分，例如晶洞具有聚財的效果，可吸收財氣；石頭可鎮宅，穩住客廳氣場。或是可以在牆上擺放山水畫、牡丹畫等等，但是座位背後可不要懸掛人物圖，這會嚴重犯小人。

舉例來說，如果懸掛鼎鼎大名的「清明上河圖」，上面總共是三百五十九人，幾乎一年

沙發後的牆面若要掛畫，就掛山水畫，不要掛人物圖。

三百六十五天，天天都在暗算你的小人！所以座位背後除了山水、花卉等畫作，禁忌放置有「人」型的圖像。

詹惟中老師建議也可以用壁紙顏色搭配五行加分，根據房屋座向分為五種系列（房屋座向以門的開向來判斷）：

- 座東向西：白色系壁紙　　• 座西向東：綠色系壁紙
- 座南向北：藍色系壁紙　　• 座北向南：紅色系壁紙
- 若座向非四大方位，都選用米色或土色系壁紙

沙發背後有靠，財位再擺放開運物，是很好的客廳擺設。

4. 傢俱背靠實牆，小人不來犯

客廳的櫃子或沙發都要靠牆擺放，如果客廳主座位背向大門，容易犯小人而且流年運勢也不佳。

湯鎮瑋老師表示，最好是直接將座位換位置面對大門，或是沙發背後增加靠山，擺放山水畫、《心經》或《百福圖》，有轉禍為福的意思。

詹惟中老師則建議沙發後面也可以放置大書櫃，象徵是智慧當靠山的座位，在風水上非常加分。

沙發後面放置大書櫃，也是把智慧當成靠山。

客廳格局的風水煞氣

　　房子一定會有樑柱，如果室內的樑柱造成煞氣，又無法改變房屋的結構，最好方式就是利用裝潢來修飾。

1. 客廳上方有樑

　　如果樑壓沙發，會有莫名的不安全感，使人坐不住，家人關係變差，也會影響健康，詹惟中老師建議可以掛山水畫做為化解。

　　客廳的財位上方如果有樑，賺錢比較辛苦；如果客廳三邊都有樑，壓力會從四面而來，就像「挑肩屋」樑柱多。湯鎮瑋老師表示，有上述情況可擺放頂天彌勒佛，或是白水晶柱來化解，也可以隔木板做間接照明，使天花板柔和降低壓迫感，以去形除煞。

　　如果家中有間接照明，也別浪費增加財運的機會，只要把四顆黃水晶分別放在間接照明的四個角落，就能把空間攏罩在財氣之下。

2. 抬棺煞

　　一根大樑在大門上和客廳另一根樑形成 H 型就是「抬棺煞」，易使人氣虛，會影響健康和莫名壓力。

　　湯鎮瑋老師建議化解方式：可在客廳

客廳有樑，主人會比較辛苦。

抬棺煞對健康的影響

抬棺煞所在空間不同，對健康也有不同影響，湯鎮瑋老師說：

1. 客廳有抬棺煞易導致事業不順，頭部易有疾病。

2. 廚房有抬棺煞易導致心血管疾病。

3. 房間若有抬棺煞亦對個人運有影響。

4. 餐廳對應的是腸胃，所以腸胃比較弱。

抬棺煞在不同空間，都是不好的風水煞氣。

任一牆面擺放《百子圖》化解，代表的意思是多子多孫多福氣。

3. 垃圾煞

開門即見雜亂無章的客廳，稱之為「垃圾煞」。

詹惟中師提醒大家，鞋櫃、雨傘外露，凌亂的沙發，就像人住垃圾堆裡，運勢會不好，最好將客廳保持明亮、整潔，東西擺放整齊。

4. 穿心煞

若大門含門框正上方有橫樑通過，在風水上稱作「穿心煞」，會影響住在這間房子裡的人，做任何事都會覺得很不順，容易發生「煮熟的鴨子飛了」這樣的情況。

謝沅瑾老師表示，可以是釘一根鋼釘，懸掛一隻開過光的麒麟踩八卦，或是消磁過的白水晶球、或是過過香火的銅鈴、銅風鈴等，都可以化解。

5. 客廳主牆面龜裂

除了樑柱影響客廳風水，牆壁也是需要留意的一環，如果家中牆壁有龜裂情況，要小心家中男性的財運、身體健康等危機，最好盡快修補牆面。

風水急救 S.O.S

一開門就見到客廳柱子，怎麼辦？

如果住家格局一開門就見到柱子，容易犯小人，如果是當老闆或主管的屋主，公司也容易有內賊在身邊。

謝沅瑾老師提供化解方式：一開門看到的是屋外柱子，可用山海鎮或乾坤太極圖化解；一開門就看見屋內的柱子，可以在門上放一隻麒麟踩八卦對著柱子化解。

6. 沙發背後有樓梯

如果沙發後面為一階一階的樓梯，就會形成「梯刀煞」，對坐在這張沙發的人產生無形的壓力，容易會有意外血光問題。且「門為口、梯為舌」，座位後是樓梯，居住者要慎防口舌是非。

湯鎮瑋老師提供化解方法：在沙發後可以擺放屏風或大型櫃子，擋住樓梯形狀，化解沙發後的「梯刀煞」。

每個人家中的裝潢都會根據喜好、預算、空間大小有所不同，而透過一些簡單裝潢的點綴與包裝，就能夠讓我們的居家環境風水更加分，不用花很多錢，就可以讓好運多延續十年。

就像牆角也是比較少人會注意到的，如果能把家中牆壁的尖角改成圓弧形，可以化解刀煞、減少衝突，讓住在這裡的人相處更圓滿。

此外，雖然屋主都有自己喜歡的顏色，但如果要提升家裡人氣，建議牆壁選暖色系，會比冷色系更聚集人氣。

牆壁尖角改成弧形，可以化解刀煞、減少衝突。

風水檢測

臥室風水
開運好人緣

　　臥室的規劃，在居家風水中也是非常重要的一環，在裝潢設計上除了要空間開闊之外，也要兼顧睡眠功能，才不會造成日後生活上的不便。

　　比較講究的屋主，喜歡把主臥室規劃為一個大套房，包含了更衣室或廁所，成為私人起居間；這除了拉長在臥室的私人時光，對於屋主風水運勢的影響就更大了。

　　而坪數小的臥室因為無法擺太多的傢俱，於是許多屋主省略了化妝台，這會減少臥室的聚財位置，反而不理想，無論如何還是要在財位打造小小聚寶盆為宜。

　　謝沅瑾老師則提醒大家，風水中，「單數為陽，雙數為陰」，住宅的房間數量最好是單數比較好，房間為雙數會覺得做事情比較不順。

臥室傢俱擺放重點

臥室是休養生息之處，床鋪周遭應該盡量避免堆置雜物，要讓床位左右通道暢通，才能讓人際關係有更好的發展。

下面也提供一些臥室的風水加分方法：

1. 房間內的傢俱先低後高

從房間一進門來看，擺放的傢俱最好形成先低後高，建議將高大的衣櫥移至房間較後方的位置，才能形成步步高升的格局。

好的房間擺設要先低後高，並且在財位放上梳妝台。

2. 結婚照不要放在房內

結婚照不要放在臥房內，很容易有爛桃花產生。詹惟中老師解釋，這就像座位後方不能擺放人像照片，也容易犯小人是一樣的道理。

3. 財位擺置梳妝台

找出臥室的財位，並在財位上擺設梳妝台，或是床頭櫃，在抽屜裡擺放聚財物品，是很好的財庫。

但是如果梳妝台有門沖，象徵錢往外跑，女主人不會理財，小心將來夫妻容易為錢吵架。

這時候，湯鎮瑋老師建議可在梳妝台上放上黃水晶柱化解。

4. 自製絕佳的財庫

謝沅瑾老師表示，臥室其實可以自己打造財庫。首先將衣櫃上方清空，最內側保留為財庫，然後擺放聚寶盆、保險箱。還有個簡單做法，將兩個十元或五十元硬幣裝進紅包內，錢母會更好，擺放在最裡面，如果衣櫃附近有窗戶，要減少開窗，保流聚財氣場。

另外，謝沅瑾老師也建議如果要擺放晶洞，比起放在客廳的財位上，擺在更衣間財庫的位置，比較可以守得住財，賺多也存多；如果放在玄關就只能快速賺到眼前的，但賺多也容易花得多。換句話說，晶洞擺放在不同的位置有不同的效力，財庫最好，財位次之，最後是玄關。

臥室煞氣停看聽

有好的臥室風水，才能擁有好的睡眠品質，屋主的健康、人際關係、財運也會跟著變好。所以，要特別注意臥室內的煞氣，下列就舉出該注意的風水重點：

1. 房中房，小心有二房

當臥房內另外的空間超過三分之一就是房中房，要小心屋主會有二房，湯鎮瑋老師提供化解方式，可以掛一個大葫蘆在房間裡。

臥房內若有設衣帽間，就不要有門，避免「房中房」。

2. 側陽台不可搭建成室內空間

臥室有側陽台容易得到貴人相助，如果將側陽台外推，會形成「耳朵屋」，容易犯小人。

3. 一開房門就面對牆壁

這種情況稱之為「出門撞壁」，詹惟中老師表示，可以在門外牆壁上掛山水畫化解。

4. 房門對房門

房門口與對面房門互切，形成壁刀，除了口舌是非也要小心頭部血光。

湯鎮瑋老師建議將「淨業卡」貼在門上方，除了可化解煞氣，也代表能消災解厄，每天從門進出可消除病氣，把不好的障礙都消除。

5. 串口煞，影響動線和引起口舌

兩扇門中間不要擺放櫃子或雜物，除了影響動線，也容

房門對房門，要盡量避免。

易溝通不良有口舌，就像兩個口連一起形成「串」字，湯鎮瑋老師建議一定要清理乾淨。

6. 梳妝台鏡照窗，容易識人不清

最好的化解方式是將梳妝台轉換方向，而且要放在房間的財位上。如果真的無法更動位置，也要用布遮住鏡子，或者窗戶加裝窗簾並且不要打開。

床擺對，好運自然來

良好的臥室風水可以帶來家庭的和樂，健康的身體，良好的人事關係。而床位擺對了，就可以營造適合休息和睡眠的空間，避免壞事上身，久而久之，好運自然來。以下是擺放床位時，要特別避免的風水原則：

1. 門沖床

門沖床，會影響到健康，也使人較無定性。詹惟中老師建議化解方式：加裝門簾或改變床的位置。

門沖床，影響健康。

2. 廁所沖床

廁所的臭氣與穢氣對到床的話，會影響身體的健康，一定要加裝門簾來化解這個問題。

3. 樑壓床，易有健康問題

樑壓床，也容易有健康問題，床位要避開被樑壓到的位置。湯鎮瑋老師建議，在樑上掛上白水晶就可以化解。

4. 腳向窗，私處外露爛桃花

腳對窗就是把私密處對外，從屋外看起來一覽無遺，容易有爛桃花，最好將床換個方向睡。

5. 頭後懸空，頭腦空空

床後最好是實牆，如果頭後是落地窗或有窗戶，睡覺時頭後面懸空，會讓人頭腦空空，不清楚自己要做什麼，而且是表面的快樂，其實內心很憂鬱。

另外，床後方如果有窗戶，風容易灌進房內，造成氣虛影響身體健康，也容易影響

樑壓床，要掛白水晶化解。

呼吸系統 ，最好把窗戶封起來，或是加裝窗簾。

6. 床頭靠馬路邊，睡不安穩

頭靠馬路，容易受到外界影響睡眠品質，比較早起所以比較辛勤、積極；相反的如果主臥在房屋內側，貴人會比較多，自己不用擔憂就有人可以幫助你。

床位左右暢通，才是好的臥室風水。

7. 床位上方有燈管

如果在床的正上方設置燈光會讓腦波受到電波干擾，形成「燈煞」，容易影響健康、犯血光之災，化解方式是設置壓克力板包覆長形燈管。

此外，謝沅瑾老師提醒臥室如果做間接照明的天花板，避免做太多裝飾，否則會讓睡眠品質不好有壓迫感。如果房間有間接照明，也可以把四顆粉水晶分別放在間接照明的四個角落，把空間攏罩在桃花之下，招來好人緣。

風水急救 S.O.S

房間沒有對外窗，怎麼辦？

住屋三大要素：陽光、水、空氣，如果房間沒有對外窗，無法被陽光照到，也容易空氣不流通，造成室內悶熱潮濕，就容易影響身體健康。而且沒有對外窗，在風水上來說，也難有貴人運。

湯鎮瑋老師說，對外窗代表人對外的視窗，沒有對外窗，容易讓人際關係、桃花受影響，所以難有貴人幫助。化解方式其實很簡單，可在牆上貼上假窗。

 **風水！有關係** 臥室風水，開運好人緣！

風水檢測

廚房風水
常保身體健康

「當初就是希望有寬廣的空間感，才裝潢成開放式廚房，但是風水老師說這樣會影響財運，現在如果廚房又要隔一道牆，室內空間感覺會變超小！」

你是否也遇過類似這樣的煩惱？不論是老屋翻新，還是新屋裝潢，大家都希望能將室內空間設計得大一些，但是要如何做才不會影響風水呢？

其實，只要利用一些創意的設計方式，還是可以享有大空間，又不會破壞風水格局。例如可以利用吧台做高擋住爐灶，或是定期在花瓶插上鮮花擋住爐灶都可以解決風水問題。

廚房空間對於居住者來說是很重要的，因為這裡的風水不但影響健康，也影響財運。如果家中廚房空間大，家中女主人的權勢也比較大，所以不可以沒有廚房空間，但也不宜過大，因為女主人壓力也跟著增加。

此外，陽宅三大重點為陽光、水、空氣，如果屋子裡採光較好的格局或房間，會使得對應的人發展較好。因此廚房採光比客廳好，有利於女主人發展。

廚房招財擺放位置

廚房代表財庫，在風水中有聚財功效，因此擺設得當，不但可以留住財富，對家人的身體健康也有良好影響。詹惟中老師提供下列幾項擺設家中廚房的原則：

1. 廚房配色

廚具使用紅色代表火，牆壁使用綠色代表木，由於五行中「火木相生」，對運勢發展是有幫助的。

2. 冰箱居中代表財庫居中

現在的冰箱日新月異，材質有鏡面的、烤漆的，顏色也是從黑的、白的、紅的、灰的都有，那到底怎樣的冰箱在風水上是比較好的呢？

一般來說，白色、黑色本身來說屬水，而冰箱是金屬做的所以屬金，「金水相生」，所以黑色的冰箱是一個好選擇；但現在許多人喜歡用紅色的冰箱，在風水上是非常不鼓勵的，因為冰箱屬金，紅色屬火，「火金相剋」，而冰箱裡面又放水，「水火又相剋」，不利聚財。

冰箱亦為財庫，最好設置在家中間。如果放於後陽台，形同將錢往外丟，等於將財庫放在外等人來拿。而且冰箱旁邊不能擺放雜物，會增加破財的程度，冰箱左右最好要保持整潔，不能放垃圾。

3. 廚房可放「鹽燈」增加運勢

廚房在五行中屬火，鹽燈在開運物中也屬火，因此可使「火火相生」，造成運勢有提升的效果，所以廚房放鹽燈是最好的。

廚房常見煞氣

廚房的煞氣萬萬不可輕忽，因為有了健康，才是一切的基礎。究竟廚房煞氣該怎麼化解呢？請看下列常見的煞氣與化解方法：

1. 爐火前有窗，後有門

廚房的瓦斯爐前面忌諱有窗戶，或是後方有門，如果有上述格局容易出現漏財情形，因為門與窗是「氣口」，家中的山珍海味，會隨著這些出口溜走，所以不妨將灶爐向左或向右做一個簡單的換位。

如果無法變動格局時，謝沅瑾老師表示最好用霧面不透光的

爐火前有窗，風水上非常不好。

材質貼在玻璃上，而門的問題，可以在門檻側邊貼五帝錢或在瓦斯爐上方掛上葫蘆。

2. 刀具外露，易有口舌是非

風水中講求「有形就有靈」，尖角形的物體會形成一種衝突氣勢，因此廚房裡的刀具最好收藏於櫥櫃之中，否則容易引起口舌是非。

3. 樑壓爐火，影響女主人身體健康

如果家中的廚房結構有樑壓灶，要特別注意女主人的健康情況。謝沅瑾老師表示，化解方式可用麒麟踩八卦置於樑上。

4. 爐火後方有柱刀，影響女主人健康

廚房的柱子像把利刃切到爐火的位置，就像女主人後側有把刀，因此容易引發腎臟方面的問題。

灶後有門，易犯小人。

進堂見灶，影響飲食健康。

爐火後面有壁刀，影響女主人健康。

5. 廚房懸空，財庫漏財

這是很大的漏財問題，因為陽台外推的關係，等於爐灶懸空，財庫大漏財。詹惟中老師表示，要補足地氣，可以在爐灶前鋪上地毯和放五帝錢化解。

6. 進堂見灶

客廳和廚房沒有區隔，在客廳的位置可以直接看見廚房，稱為「進堂見灶」。詹惟中老師解釋以風水氣場來說，容易造成灶火不穩定，不但影響飲食健康，也會導致夫妻失和或口舌問題。此外，「進堂見灶」也容易耗損錢財，親朋好友來你家很容易看到錢，財富被看透，最好設置拉門擋住爐火，將客廳與廚房做出區隔。

家中灶外露，怎麼辦？

「老師，我從家中廚房可以看到鄰居家的灶，那是不是也代表鄰居看得到我家的灶？」

謝沅瑾老師表示，只要是看得到誰家的灶就是誰漏財，可以利用傢俱如微波爐放在窗前，阻擋自家灶外露的情形。另外，爐灶的前面和左右都盡量避免開窗，窗戶如果開太低仍會看見爐灶易漏財。

風水檢測

餐廳風水
一家和樂團圓

　　餐廳是全家人用餐的地方，也增進了家人間的互動關係，良好的餐廳風水不但可凝聚家庭成員的向心力，也具有招財的作用。

　　只是，餐廳大多位在兩個空間的過渡地帶上，在風水上要注意的地方也不少，下面就來瞭解該怎麼布置餐廳。

餐廳格局禁忌

　　現代小家庭居多，人口比較少，而且有些家庭也不常開火，有些屋主甚至省略餐桌，直接在客廳用餐，其實這是不恰當的生活方式，因為沒有餐桌或不在餐桌上進餐容易影響家人感情，所以一個好的餐廳格局還是必須的，以下就是要避免的餐廳設計。

1. 餐桌設在廚房內

　　很多人認為餐桌放在廚房內，端菜比較方便，殊

不知廚房的油煙無形中會讓人情緒煩躁，造成腸胃疾病。

化解方式，是在廚房內擺放水種黃金葛或在餐桌上擺放盆栽。

2. 先膳後堂

一開大門就先看到餐桌才看到客廳，易導致漏財，或是親朋好友借錢不還。

化解方式是要設置玄關或屏風，將餐桌盡量被阻隔在視線範圍之外。

把餐廳設在廚房裡，容易造成腸胃疾病。

4.樑壓餐桌

橫梁有如重物壓在頭頂上，給人心理造成一種無形壓力，長久會導致家宅不寧、丁口受損。如果餐廳位置無法移動，可以做天花板包住，或是在樑柱之處放置葫蘆化解。

5.餐桌不宜被門路直衝

餐桌是全家團圓吃飯的地方，大家在享用美食時，最好安穩閒適才能有良好的消化。如果有門路直衝，也就是位於家中主要動線上，容易令家人進食時分心，建議在旁邊的門上掛上門簾，作為化解。

6.餐桌放置在樓梯下

樓梯鋸齒狀的階梯就像把梯刀，會導致居住者的健康受損，化解禁忌的方法可以擺放綠葉盆栽，如開運竹在樓梯底下，讓氣流流動有個緩衝擊，作為化解。

餐廳擺設重點

之前提到過，使用愈多的區域，風水愈重要。而餐廳是僅次於客廳的公共空間，從喝杯水到全家聚會用餐，甚至談話都會使用得到，所以不論餐廳是大還是小，都一定要整理乾淨，才會為全家人帶來好的運勢。

下面我們就來瞭解餐廳該如何擺設吧！

1. 馬蹄型餐廳

餐廳的格局最好是形成馬蹄型狀，代表財庫聚財，而且座位後方有所依靠。

2. 餐桌選擇圓形或方形

餐桌可選擇圓形的，象徵團圓之意，家人也比較容易有凝聚力。另外，也可以選擇方形的，象徵「天圓地方」，代表方正平穩，家中運勢穩定。

3. 餐廳擺飾

詹惟中老師建議餐廳可以擺放花卉，象徵貴客迎門，可招貴人。也可以在座位背後擺放人像畫作，代表人聚財聚。但盡量不要擺

餐桌座位背後擺放人像畫作，可以聚財。

餐桌擺放花卉，可以招貴人。

放魚或海鮮的裝飾品、畫作，因為五行中屬水，「水剋火」並不
吉利。

4. 餐廳鏡子擺放

餐廳如果有鏡子，禁止放在椅背後面，容易坐不住，家人會較少
聚在一起吃飯，建議把鏡子移開，或利用布簾遮掩。

餐桌後面有窗戶，怎麼辦？

餐桌前方如果有窗戶，用餐時欣賞窗外美景，用起餐來也格
外享受，但是如果餐桌後方有窗戶就不宜打開，化解方式就
是要加裝窗簾，並且平常要拉上窗簾，這樣才能製造自己的
貴人，還可以增加家人之間親情關係。

衛浴風水
靜養心靈

現在的衛浴空間已經不再侷限於馬桶、臉盆、浴缸等基本配備，不少屋主很重視衛浴環境，利用按摩浴缸、SPA 設備等器材，讓自己在泡澡同時又能按摩、放鬆心情；也有人喜歡邊上廁所邊看書、聽音樂，藉此消除身體的疲勞，也療癒心靈上的疲憊。

因此，衛浴空間不僅是講究個人衛生的地方，也是讓人充電的地方，因此何不多用點心思，幫自己創造一個最舒適、最輕鬆的環境呢？

衛浴空間的擺設重點

衛浴空間的設計，除了與居家其他生活空間一般，要考量到動線之外，還要特別注意通風、採光等問題。比如說，現在許多屋主喜歡乾濕分離的設計，這對於減少衛浴濕氣是很好的選擇。

此外，許多女性朋友習慣在廁所化妝，就必須加強洗臉台的燈光，但廁所的燈光容易受潮，所以必須慎選燈具，若使用嵌燈最好加裝玻璃罩，以防水氣侵襲。

雖然衛浴的空間不大，還是有幾點風水原則必須注意：

1. 廁所開門不見鏡

鏡對門或是對窗，穢氣橫生，外出遇不到貴人，識人不清很容易有爛桃花。

2. 馬桶朝屋前煩惱多

馬桶朝屋前的格局，代表主人煩惱多，謝沅瑾老師表示可以將土種黃金葛放在水箱上，再用掛燈、投射燈照化解。

3. 廁所無窗，人緣桃花受阻

廁所宜開窗，如果廁所都沒有開窗，表示桃花受阻，較沒有貴人，還可能易有皮膚和腎臟疾病。

廁所開門見鏡，容易有爛桃花。

廁所朝屋前，煩惱比較多。

衛浴格局煞氣

衛浴是洗滌和排放身體髒污的空間，在風水上認為這裡陰氣比較重，同時也是比較汙穢的地方。

　　所以，無論把衛浴放在哪個方位，都要小心造成的煞氣。如果居家有下列幾個風水問題，請務必依照風水老師提供的化解方式來布置。

1. 冰箱正對廁所門口

　　冰箱與廁所不宜正對或擺放在同一面牆上，否則健康受影響。

　　湯鎮瑋老師解釋冰箱代表食祿，因此不宜正對穢氣，也不宜和廁所同一面牆，家人健康狀況都會不佳，最好改變冰箱位置。

2. 廚房切到廁所

　　廚房門和廁所有切到，會影響身體健康，湯鎮瑋老師說特別會發生腸胃和婦科問題。

3. 廁所設計在廚房裡

　　廁所在廚房內會有水火不容的現象，也會影響身體健康，特別是腸胃和泌尿系統問題。

　　詹惟中老師提供化解方式：廚房做門，或是廁所門上加裝門簾阻擋。

4. 廁所下方有爐灶

　　一些透天厝，或是樓中樓的建物，爐灶的上方是廁所，這也會影響腸胃健康，財運敗退。

　　最好的化解方式是將爐灶移位，或是廁所隨時保持乾淨、乾燥並放入土種黃金葛加投射燈，然後在爐灶上方櫥櫃內安置葫蘆。

5. 爐灶靠廁所牆面

爐灶緊靠廁所牆面在風水上也是會造成家人健康的影響，建議將爐灶移位，或者在爐灶靠牆邊安置一組葫蘆或五帝錢。

6. 進堂見廁

這不但影響美觀，也會導致破財，除了要加裝厚門簾防止廁所穢氣之外，也要設置玄關，阻擋一入門的視線。

7. 廁所門正對樓梯

家中如果有廁所門正對向下的樓梯，會影響家人的健康及運勢。建議在廁門掛上過膝門簾，或在門檻上安置白玉葫蘆。

廁所位於居家中心，怎麼辦？

將住宅平面九等分，位於正中那塊為家中中宮，廁所位於家宅中宮位置會影響家人病痛不斷，尤其是心臟及腹部疾病。

如果不想大興土木更動格局，可以在廁所內放置土種黃金葛加投射燈，並且在廁所門口掛上過膝的門簾，以及在門檻上鋪設六帝錢或五帝錢以增加地氣。

選對化煞物，外煞變生機

風水檢測

「窗外有電線桿，會造成風水上不好的影響嗎？」

檢視完居家格局有沒有風水問題之後，別忘了外在環境的影響，首先就要先判斷外煞有沒有影響到家宅運勢的發展。

湯鎮瑋老師教大家可以這樣判斷：

1. 站在**房子的正中央**，**觀看窗外有無正對居家的煞氣，不需要特意探頭去找**。所以，如果是走到陽台看出去，才有壁刀或小人探頭等煞氣，也不太會影響家宅。

2. **判斷煞氣的形狀**，例如小人探頭、官帽、壁刀等等，就是一種形煞。

3. **判斷煞氣的大小**，煞氣的形狀越大，影響程度當然就越大。

4. **判斷煞氣的距離**，距離越近的煞氣，影響越嚴重。如果電線桿已經遠在四線車道以外，那其實不構成很大的影響。

屋外常見二十煞

一般來說，外在煞氣要改變並不容易，但可以透過化解方式，讓煞氣也能變生機！

1. 屋脊煞

對面房屋的屋脊朝向自家形成得煞氣，五色如同人的五臟，會因

高架橋與道路的煞氣

許多人在買房的時候都不喜歡緊鄰陸橋或是高架道路，但是有這些建物不見得就是壞事，還要根據實際狀況來做判斷。

當居家鄰近筆直的高架橋時，以正面迎接的殺傷力最大，我們稱之為「攔腰煞」。如果住家前方的道路、橋樑或河流呈弓箭狀或弧形（半圓形、圓形）並正對門窗就會形成「反弓水」。

上述兩種情況都容易發生一些血光之災，或是有官司糾紛。化解方式可以在門窗擺放山海鎮，九宮八卦牌。

大凶　　　大吉

住家　　　住家

反弓煞

攔腰煞

為不同顏色的屋脊，而有不同的問題。

→紅色屋脊，易導致心血管疾病。

→黑色屋脊，腎臟、膀胱等泌尿系統有影響。

→綠色屋脊，肝臟、神經系統。

→黃色屋脊，胃和脾臟。

→白色屋脊，呼吸系統和肺部。

相反的，如果高架橋從正面包圍房子，就稱之為「玉帶環腰」，高架橋從左側包圍房子，就稱之為「迴龍顧主」，兩種情況對於屋主的運勢是有加分的效果，都可以興旺財運。

迴龍顧主

總之，記得「環抱為吉，反弓為凶」的原則。

此外，如果前方有Ｙ字型行車道，就像兩邊財水匯合流過來，謝沅瑾老師解釋，從屋內看出去如果車流是由左而右有加分，由右到左減分。

玉帶環腰

化解方式是在住家牆壁內側接屋脊的地方，四邊擺放三十六枚的五帝錢，便可收天地正氣，增加屋子的氣場來化煞。或是面對屋簷方向放一個碗，在碗底內外貼上紅紙，並定期至大廟過香火，或懸掛一面開光過的山海鎮。

2. 無尾巷

居家位於死巷之內，容易阻擋居住者運勢，發展容易受限，化解方式可以在屋前安置一面山海鎮，或是在住家龍邊安置三隻銅龍來作化解。

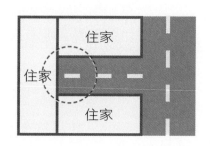

3. 凹風煞

如果是兩棟高樓中間夾一棟矮房都會形成凹風煞，容易聚集穢氣，使人產生病痛對身體健康有害，而且易帶有血光之災，或是家中成員易偏頭痛。

如廚房窗外看得到凹風煞，家中女主人情緒不穩；如臥室窗外看得到凹風煞，也會影響人際關係差。

化解方式就是在面對凹風煞的方向安置山海鎮化解，或者面對凹風煞的方向種植闊葉林盆栽。

4. 壁刀煞

家宅對面有大樓切到自家樓房。容易影響屋主的身體健康，甚至

造成意外的血光之災。壁刀對各方位的影響也不同，首先拿出指北針確認家宅方位，家有很多地方有壁刀，不同方位被壁刀切會影響家中不同成員，建議擺八卦鏡或山海鎮化解。

西北 **父親**	北方 **次子**	東北 **么子**
西方 **么女**	中央 （房中針） **家中** **每位成員**	東方 **長子**
西南 **家中** **女性長輩**	南方 **次女**	東南 **長女**

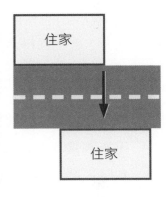

5. 天斬煞

家宅大門面對兩棟大樓中間的夾縫，天斬煞的影響極其強烈，住家成員之間易起爭執，易有血光之災，或是易患需動手術之疾病。

化解方式就要對煞物擺放山海鎮或九宮八卦牌。

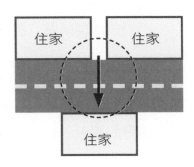

6. 屋角煞

如果家宅的大門或視窗正對建築物
的尖角，容易影響家庭成員的健康，
造成長期慢性疾病，或是引起扭傷、
刀傷之類。

化解方式：可在窗戶放置銅製貔貅頭
向外、窗上面掛八卦鏡或獅咬劍。

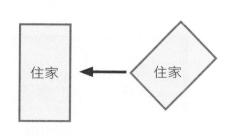

7. 反光煞

這是比較容易在都會中發生的煞氣，
因為高樓大廈林立，建物的玻璃受
到陽光的反射而照進住家中所形成
的煞氣，容易發生血光之災或碰撞
之傷。

化解方式：可在窗戶貼上霧面貼紙、
凸面鏡或麒麟踩八卦。

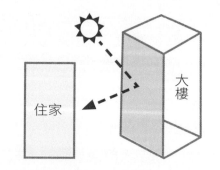

8. 沖背煞

屋後有道路相沖，容易招來小人，因此無論工作上多麼努力，有
再好的表現，也得不到上司的賞識。

化解方式：就是在後門或後窗掛八卦鏡或擺放屏風。

9. 路沖

路沖會使家人不聚，家人在外奔波，也容易會有血光，要特別注意。湯鎮瑋老師說，路沖因為往來車輛多，會使附近氣場產生波動，面對直沖的氣場，容易會遇到車禍；巷沖和路沖相較之外，路沖的影響力較大，巷子往來車輛較少，氣場影響較小，所以路沖比巷沖更為嚴重。

遇到路沖時候，可以改變大門座向、設置玄關，或是用山海鎮來化解。

10. 頂心煞

住家面對燈柱或電線杆，使得屋主容易脾氣暴躁，不容易與人溝通，甚至會發生血光之災，或者視力有損。

化解方式可以放置白玉葫蘆、五帝錢，或者面對電線杆方向，懸掛開光過的山海鎮。

11. 蜈蚣煞

這是都市中常見的煞氣，在建築物外牆上有排水管電線杆電線枝節，一條主幹加上分支，看起來就像蜈蚣一樣。但是一定要站在客廳望向窗外看到的才算，千萬別杯弓蛇影，以為只要是外面有的都算。

蜈蚣煞

主要影響容易犯是非口舌、工作運勢不順，化解方式可以在視窗放置銅公雞擺飾，取「公雞吃蜈蚣」的意思來化煞。或是在屋子面對煞氣源頭懸掛開過光的「乾坤太極圖」。

12. 小人探頭煞

住宅周圍若有房屋頂上有高出一截，從窗外看去就像是小人偷偷探出頭來。犯此煞主要會招小人嫉妒，因此常有小人迫害，而犯官司或口舌是非比較多。

化解方式：擺放八卦鏡、銅貔貅、平面鏡皆可。

13. 藥罐煞

住家附近有水塔和水管連接，在特定的視角下狀似醫院之點滴，會讓住家全家人病痛不斷，慢性病且經常吃藥。

謝沅瑾老師提供化解方式：可懸掛山海鎮。或是用一個碗公，在碗公後面貼一個十元硬幣大小的紅紙，碗公蓋住，放在藥罐煞的方位就可以了，蓋住表示藥吃完了，病也好了。

藥罐煞

14. 聲煞（噪音煞）

鄰近機場、鐵道、地鐵站或居所附近樓

房正在進行工程時會產生噪音，容易造成頭腦不清晰，影響思考判斷力，使投資失準。

詹惟中老師表示，一定要加裝氣密窗來化解問題。

15. 獨陽煞

住家如果在廟宇、教堂對面或旁邊就形成此煞。主要影響宅內人性格孤獨，脾氣容易暴躁。

化解方式：將已開光的木葫蘆和八卦羅盤鐘掛於面對煞氣的牆上。還可在同一位置加放兩串葫蘆、五帝錢。

16. 孤峰煞

如果住宅的前後左右都沒有靠山或其他住宅大廈，代表得不到朋友的扶助，子女不孝順或遠走他鄉或移居外地等。

化解方式：只要在吉位或旺氣位安放葫蘆便可。

17. 萬箭穿心煞

現代人在住家為了防盜而安裝的箭形鐵窗，感覺上就像箭射向住家。容易影響住戶被人指責，也會有血管方面的疾病。

化解方式：如果情形較不嚴

萬箭穿心煞

重用凸面鏡化解就可以，如果此種形煞很多，就需用山海鎮。

18. 菜刀煞

如果住家或臥房窗外可以看到商店的招牌，形成刀煞。主要影響脾氣暴躁、口舌是非不斷。

湯鎮瑋老師提供化解方式，可以對煞物擺放九宮八卦牌或是用鏡面玻璃也可將煞氣反射。

19. 官帽煞

住宅前面或周圍之大樓，有出現如古代官帽形狀之建築物出現，官帽對應到的房間，睡此房者易有官司問題。由於建築物越蓋越多，越建越高，因此發生也越來越普遍，謝沅瑾老師建議，使用開過光的「乾坤太極圖」就可以化解。

官帽煞

20. 火煞

住家附近常見一些電塔、發射塔或是尖銳之物件。容易犯血光之災、健康變差。

化解方式：可用銅貔貅擋煞，或在門下吊真品白玉葫蘆或五帝錢以加強力量。

除了上述外在環境的煞氣，對面鄰居也會產生一些風水上的影響。

1. 住戶大門吃小門

對面住戶的門比較大，會變成大門吃小門的情形，對面住戶的氣勢會比較強。

2. 對面住戶大門切到

容易有血光，會看切到的位置偏向哪邊，如果偏左是男生影響大，反之是女生；如果剛好是中間位置，那住在屋子裡的人都有影響。

謝沅瑾老師提供化解方式：可在門內或門外擺放一隻麒麟踩八卦化解。

開門開闊，對於事業都是有加分效果，亮度如果太暗，最好可以在家宅大門上方裝設投射燈，增添風水好運，才不會阻礙運勢發展。

對面鄰居的門，也會影響居家風水。

大型公共設施如何看風水？

現在社區建設的公共設施比例愈來愈高，而有些公設是跟居家環境的風水息息相關，像是水池、游泳池，這些公設的位置、形狀、跟座向都可能改變我們的財運。

風水很講求「氣」，氣就是水的意思，如果你的居家社區是有游泳池的，我們稱為「抱身水」。

居家社區的游泳池如果是半圓形的，半圓形屬金星水形，我們稱為「金星抱身」，可提升財運；如果游泳池是方形的，我們稱為「土星抱身」，也可提升財運；如果游泳池是彎曲型的，類似水池造景那種，我們稱為「水星抱身」，也可提升人際關係。

但有個地方要注意一下，就是游泳池、水池最好不要太靠近家裡的門前，出門見水，所謂「血池照鏡」，錢財一路下滑，請盡可能避免掉。

詹惟中老師也說，如果社區公共設施或房屋前有湖水或游泳池，也都要注意距離。距離太近，使大樓倒影在湖面，代表「出門見空」，會產生不安定。

　　這時候，可以用竹籬笆、種樹等方式做一個區隔，去形除煞。另外，游泳池不宜為在家裡的南方，否則易使出外運勢受阻。最好可以在屋宅的正東、正西、正北方。

大門外不宜崎嶇，會影響健康。

　　此外，大門往外的地板不要崎嶇不平或凸起的小石頭，這會影響身體健康，身上容易長有小腫瘤或異物。化解方式就是將前面石頭剷平，或是鋪上步道。

布置辦公室風水
職場平步青雲

　　景氣好的時候，依然有人在賠錢；不景氣的時候，照樣有人在賺錢。究竟這奧妙在哪裡？或許可以從職場風水看出端倪。

　　現在的辦公室設計和裝修常都只是為了方便，在節省成本的前題之下，往往容易觸犯風水禁忌，這不僅會影響了公司財運，對於員工事業發展也不好。

　　對於上班族來說，每天在辦公室度過至少八小時，有時甚至比在家時間長，辦公室風水不僅影響事業，也會影響身體健康和精神狀態。所以，一定要瞭解職場風水，布置出好的辦公室風水，讓好運立即湧現，平步青雲，前程似錦！

辦公室加分好風水

上班族在辦公室的時間不短，因此，處理好居家風水之後，再來要瞭解的就是職場風水。

和居家空間比較之下，辦公室環境相對簡單，要顧全風水宜忌也比較容易，只要多注意幾個細節，就可以讓自己每天生活在好的風水環境裡。所以，風水老師都會建議，除了顧全家裡風水之外，辦公室風水是絕對不能忽略的。

職場外在環境

辦公室環境又分為外部跟內部，外部像是水池、或是種植花草的前庭，另外像是大門部分，也算是外部環境。

內部環境包含得比較多，舉凡櫃台、會議室、控管開銷的財務部門、引進金流的業務部門、樓梯、廁所、桌椅、內門等等。

所以，內外環境都要注意，這樣才能讓公司業績生生不息。

1. 水池

像是娛樂行業、製作公司等需要創意的行業，宜將水池設於面對大門的右邊，也就是虎邊；西邊有水池，「金水相生」可激發許許多多的創意。如果不是跟創意、製作相關的行業，例如餐飲、貿易等行業，則適宜將水池設龍邊，更有助於公司發展。

此外，如果水池設在虎邊，女性員工的發展會更好，這對於女性主管或老闆來講是很有優勢的。相反的，男性員工較多的公司，則可以設在左邊，也就是龍邊。

有些辦公室水池會養魚、種植蓮花，有些人可能覺得蓮花大就是美，但是以風水而言，蓮花過大會引來爛桃花；所以為了避免公司的男女情感問題，蓮花還是適中就好。

另外，有些水池的噴頭採明管方式，這時要讓它朝向辦公室內側，可以讓財水聚集，有助於公司發展。

2. 庭院

公司庭院的花草，除了注意整體整潔、定期清理以外，可以多種植好的植物，像是桂花；桂花易招貴人，而公司在有貴人加持下，絕對是加分的。

不同行業，水池適合放在不同方位。

3. 大門

有些公司的大門會先有一層台階，這在風水來說很加分，象徵「步步高升」，沒有這種設計的辦公室也可以將門墊高，同樣具有加分效果。

但是，如果辦公室前面已經墊高了，後方的辦公區域就不能再下降，因為前高後低代表走下坡，在風水而言容易讓公司運氣走下坡。

公司大門有台階，在風水上很加分。

辦公室內部格局

風水上把辦公室的內部分為前段跟後段。前段部分，建議設有玄關與櫃台。櫃台設於門口，以利招待訪客；而玄關的設計，會讓職員背有依靠，感覺有公司在照顧著他，也可阻擋像「穿堂風」之類的煞氣，增加辦公室的隱密性。如果辦公室空間不夠大，無法設置玄關，也可以用玄關牆取代。

　　另外，如果辦公室需要廠商提案或客戶參訪的會議室，也建議設置在辦公室前段，比較不會打擾到職員辦公，可以讓員工的專注力跟工作效能提升。

　　每家公司最重要的業務部門與財務部門，這兩個部門的風水會是影響公司發展最主要的關鍵。業務部門適於設在辦公室前段，可提升業務行動力衝刺公司業績；而財務部門適於設在辦公室後段，最好在進門內側四十五度角的地方，因為此處屬於財位，最能讓財務發揮最佳的效果。

　　其他像是行政部門、內勤單位都適於設立在辦公室後段。當然主管的位子也是要置於後段，讓部屬產生被鞭策的動力。

玄關設於門口，才能接待來賓。

辦公室風水忌諱

　　瞭解了辦公室內外部環境以後，當然還要告知大家風水上忌諱的部分。

1. 廁所位置

　　有些辦公大樓的廁所是公用，設在辦公室外面，最忌諱廁所就在公司大門正對面，因為「出門見廁」容易讓公司破財、難賺到錢，還可能讓員工有疾病纏身，影響公司員工效率與發展。

　　遇到這樣格局的辦公室，要在廁所入口掛上門廉，阻擋不好的氣流。

會議室適合設於辦公室前段。

2. 旋轉梯設置

有些公司不只一層樓，會有內部旋轉梯的設計，這種格局容易讓公司留不住人才，造成公司人員流動率高。

遇到這種格局，請在公司樓梯轉角處放置鹽燈，以除煞氣，即可避免上述問題發生。

3. 地下室環境

有些公司為了節省租金，會將辦公室設在地下室，最好可以在公司賺錢時趕緊搬走，不然這種狀況容易招陰，未來可能招致公司業績走下坡。

真的無法在短時間內搬離，一定要加裝燈管打燈照亮辦公環境，靠燈光達到除煞的效果。

4. 鏡子擺設

許多辦公室會設有鏡子讓同仁整理服裝儀容，但不要設在進門處，一進門就看到自己，稱為「鏡照門」，這種狀況會造成「鬥口煞」，容易讓公司人員產生口舌是非。

這時候，請在鏡子前面加裝拉簾，作為化解。

5. 財位禁忌

辦公室最重要的位置就屬財位了，所有老闆請風水老師來看時，一定也會關心這個問題。切記，財位上頭絕對不能有冷氣、壓樑

等狀況，因為冷氣會將財氣吹散，壓樑賺錢會比較辛苦，兩種情況都會造成公司漏財。

比較好的化解方式是擺晶洞，而且一定要對著大門才有用。不然就是擺櫃子，並在櫃子裡擺滿招財物品，讓財源滾滾不斷進來。

另外記得要避免「鏡照」的產生，就是財位附近有鏡子，這容易將財氣又送出去。若是避免不了，請將鏡子貼上霧面，以防財氣流掉。

6. 辦公室門

大辦公室會有許多隔間做為主管室或會議室之用，切記裝潢時，門與門不要互相切到，否則容易使人發生爭執，而已經有的是非也將更劇烈摩擦。遇到這種格局時，請在門互切處懸掛六帝錢，即可避免。

八成以上老闆都相信風水，「寧可信其有」是大部分做生意的人會有的想法。辦公室無法馬上說搬就搬，但可以針對煞氣做一些化解，讓公司趨吉避凶，也對每個員工的事業運加分。

風水布置

加薪升職，
辦公桌最強擺設

　　還在為了升職、加薪而煩惱嗎？這裡要教你如何透過辦公桌布置，帶動老闆對你的賞識，讓小人離你遠遠的。

　　不過，在做任何風水布置之前，一定要記得「整齊清潔」這個大原則，如果辦公室堆滿雜物，什麼資料都找不到，當然無法專心工作。所以，請先整理自己的辦公桌，然後，再往下學辦公桌最強擺設！

最吸金布置

　　關於辦公桌擺設，最重要的口訣就是：「龍動虎靜，龍怕臭、虎怕吵。」

　　例如電話應擺放在龍邊，而書籍資料夾要擺放在虎邊，最能增加運勢。除了自己的桌面以外，辦公桌的左右環境也很重要，下面我們就一一來瞭解辦公桌該如何打造好風水。

虎邊

　　如果你的辦公室桌剛好位於整個辦公室的虎邊，要注意有沒有以下的狀況：虎邊撞壁、虎邊牆龜裂、燈刀切虎邊（座位上方燈管直切），這三種狀況都會造成你的女性人際關係變差，可能沒有女性客戶上門，如果是女性產品的相關業務一定要注意。

　　化解方式可以在辦公座位上放粉晶，以求取桃花及好人緣，讓你在事業與感情上都能一帆風順。

龍邊

　　如果你的位置剛好位於辦公室的龍邊又有出口，那你很幸運，座位在龍邊有出口易招貴人，請趕快去感謝你的老闆幫你安排這個位置！

龍邊出口，可以招貴人。

電話擺放龍邊，書籍資料夾擺放虎邊，最能增加運勢。

但如果你的位置是龍邊，座位後方有門，那反而不是一個好的風水，這種狀況會造成你有男貴人，但也容易有男小人。這時候，應該要擺放盆栽在門口，轉圜氣場來轉運。

辦公座位忌諱

辦公室座位不是職員可以決定的，如果遇到不好的風水也不要擔心，都有方式可以化解；多留意不好的風水禁忌，無形中，好運就會降臨了。

1.椅背靠窗

座位切記不要背窗或背無靠，容易造成員工坐不住，產生員工流動率高的狀況，也容易讓坐這裡的人犯小人，是很不妥的狀況。

如果辦公室沒有那麼多牆，可以放「九宮八卦圖」，也會有同樣的效果。

椅背靠窗，流動率高。

2. 下方懸空

辦公室座位不要設在陽台外推的地方，這代表「下方懸空」，在風水上會有孤軍奮戰、上下離心的狀況，而且坐在陽台外推的位置壓力也會比較大，影響工作效率。

為了避免這種情形發生，可以在桌上放「八吉祥」。

3. 座位有樑柱

所有房子都會有樑柱跟管線，比較好的方式是在裝潢時包起來，因為樑柱外露會有不協調感，辦公室要多注意這種情況。

如果是座位正上方有樑的，樑只壓到桌子就還可以，但不可以壓到人，樑柱在人正上方會造成事業不穩，辦公室內樑柱多也易造成員工流動率高。

座位上有樑柱，事業不穩。　　　　座位上方水管外露，會影響感
　　　　　　　　　　　　　　　　情路。

遇到這樣的情形，可以在座位上擺水晶柱或頂天彌勒佛，有撐住樑柱的用意。也可以在樑上懸掛蕭：即取諧音「消」的意思；另外，葫蘆也可以化解壓樑的效果。

4. 路沖

如果座位正好位於通道的路沖，最好用櫃子來擋煞氣，或是在椅背上貼五帝錢，以提升座位的氣場。

5. 水管外露

除了樑柱以外，辦公室內第二種會有外露的情形就是管線了，一樣的道理，管線也是忌諱在座位上方，容易造成爛桃花，影響感情路。

遇到這種情形，可以在辦公桌上擺放白水晶柱，即可化解。

6. 正對廁所

如果辦公座位後背有廁所，這種情形容易犯小人和爛桃花，一定要在廁所前掛上厚門簾化解。

特別提醒，這裡提供的辦公室桌風水原則，也適用於自家住宅的書房，使事業能日益開展、欣欣向榮。

辦公桌防小人秘招

職場文化總是有許多勾心鬥角的事情發生，不僅員工心煩，老闆也會覺得困擾。

這時候，可以透過風水將這些職場小人一一消除。只要將「麒麟踩八卦」擺放至辦公桌龍邊第一個抽屜裡，就可以避開掉討厭的職場小人。

此外，「屏風」在古代是用來遮蔽隱私的，在風水中也常拿來遮擋煞氣，辦公桌可以放個小屏風，也能防止小人。

如果想要在事業上開運，也可以在辦公桌掛上「魁星踢斗圖」，最好為紅底黑字或金字。這幅畫可以化解事業上的阻礙，讓你事業一帆風順。

事業滿分的工作室風水

風水布置

許多行業有自己的獨立工作室，像是舞蹈教室、音樂教室等等，這些行業的辦公室等於是開門做生意，風水上要再更加留意，比如說門口宜開門寬闊，對事業有加分效果。

但有些工作室會有無人潮及陰暗等沒有「氣」的問題，不妨嘗試以下的布置與開運方法。

工作室布置

工作室往往結合了住家與辦公區格局，所以應有的風水擺設與純住家或辦公室又不盡相同，要留意以下幾點：

1.走道

工作室一定會有走道，走道牆上宜掛合照，可以活絡人氣，有助於增添貴人運，人脈好也讓事業無往不利。

2. 門口

工作室門口與玄關不能陰暗，否則氣會很弱，最好在門口打上三盞燈，增加亮度也吸引目光，有助於匯集人氣。另外也可以擺五棵福木，也具有同樣的效果。

如果進門龍邊牆壁可以擺放鏡子，使龍邊開闊，這將有助於工作室發展。

3. 樑柱

工作室一樣會有樑柱的問題，如果柱大於樑，容易造成以小犯上、奴欺主的情況。

這時可以在工作室柱子上貼上鏡子，鏡子可將柱子化有為無，但要小心不可照到椅背、門及廁所。此外，鏡子不可互相照，易招陰，且鏡子的長寬以二十一公分的倍數為佳。

如果工作室有穿堂風的格局，會影響事業發展，導致創意容易被盜竊，想法容易空洞。湯鎮瑋老師建議的化解方式，是在門口掛上門簾。

工作室玄關與走道最好可以點燈，匯集人氣。

4. 室內

辦公區域都應該禁止抽菸，除了對於不抽菸的員工給予尊重外，菸味也會形成「味煞」，影響運勢。

5. 茶水間

自古以來廚房就是女人煮飯開伙的地方，所以廚房也象徵女主人的意思。但有些工作室是沒有廚房的，風水上的說法就是沒有「灶」，比較會產生「桃花難」，造成工作上較難遇到好桃花。

所以，工作室最好還是要有茶水間，當成廚房來使用。

6. 座位

工作室座位有門沖，會影響創作及判斷力，這時候，湯鎮瑋老師建議將工作桌改變位置，至少背要有靠，避掉門沖。

若是要有利女生事業，建議可在工作桌的虎邊擺上高的櫃子，增添運勢，此外在財位擺放招財物品，放自己的生財工具也是有幫助的。

工作室開運法

有些工作室屬於密閉空間，不適宜大門敞開，這種狀況雖易聚氣，但要注意空氣不流通的問題，因為「味煞」會影響運勢。

1. 門前開運大法

可在玄關懸掛「清明上河圖」或山水畫，象徵千客萬來，而山水畫的水流要記得往屋內流喔！

2. 開窗大法

沒有對外窗的房子一定要為自己開一扇窗，方法很簡單，就是在牆壁上掛上壁燈。尤其是地下室或室內昏暗的地方，建議一定要多打壁燈，可化解沒有窗戶的問題。

3. 牆壁開運法

工作室的牆面要採用亮色的油漆，讓整體空間光亮，這種方法也有助於為密閉式的工作室增加運勢。

 風水！有關係 工作室風水，事業更加分！

店面風水，超強吸金

風水布置

除了上班或是開工作室之外，還有些人選擇自己創業當老闆，這時候店面的選擇絕對是影響生意成敗最重要的元素之一。「好的地點讓你上天堂，壞的地點讓你住套房。」是很多創過業、當過老闆的人的共同心聲。

這時候，除了挑選一個租金適宜、人潮蜂擁、CP值高的地點當店面之外，店面的座向方位、店面擺設、周邊環境等等，也都會影響到整體營收，如何打造一個好風水的店面，是每個當老闆的人都應該要知道的事。

店面挑選

基本上，店面位置跟產業別也有不同，這邊先將路口做一些基本的分類。一般來說，會有 T 字路口、十字路口、三角窗口和無尾巷（即死巷）這幾種。一定要避免的是無尾巷，因為人潮、錢潮及車潮都不會進來。

再來，挑選店面的時候，店面外頭的道路有分陰邊及陽邊，相較之下生意比較好的，就屬陽，屬陽性的路一整排店面生意都會特別好，人潮也會較多，是非常好的店面選擇點。

另外，店面如果開在雙向道路，因為交通便利、車流量會較大，生意也明顯會優於單行道。

如果店門外的路是不平的，有一邊較高或較低，建議在路面低的地方展示商品會較好。俗話說：「水往低處流。」代表財水會由高的地方流向低的地方，所以路面低的地方要伸手攔財水，就可以把財留下來，不妨擺放自家商品、看板招牌或盆栽。

店面開在雙向道路上，因為交通便利，生意就會比單行道好。

開店面一定會有招牌，而招牌的顏色要以行業別來判斷。例如餐飲、服飾在五行中皆屬「火」，所以要避免相剋的顏色，像是藍、灰、黑皆不宜。

另外櫥窗展示面要越寬越好，若櫥窗碰到「柱刀煞」，可以將櫥窗作成圓弧形，圓弧形櫥窗就像護心鏡一樣可化解煞氣。

店門開法

店面門口的座向及方位也是有學問的，以下是幾個大原則：

1. 避免大門吃小門

店門相對時，門大門小還是有差異性的，大門自然相對是比較好的選擇。

2. 避免壁刀與柱刀

店面的門不宜正對壁刀或柱刀，當門正對到這兩種情況時，容易發生員工監守自盜的情況。

3. 避免面對水溝

店門不可正前方就是水溝，易使生意受影響，財水外流。

4. 避免正對煞氣

壁刀、柱刀都是煞氣，其他像藥罐煞、萬箭穿心煞……舉凡前面提到的各種煞氣，能避則避，因為會影響人潮及財水。

5. 面對大馬路開門

若店面門口呈現 L 型，或店面是三角窗在馬路交叉口，大門宜面對比較大的那條馬路，人潮多、馬路大都可以增加來客率。

6. 避免店門口開在西南方及東北方

西南方及東北方又稱為「五鬼方」，除非為特殊行業，例如：賭場、八大行業，否則應該避免。

7. 店門不放任何阻礙物

因為店面龍邊（左側）為財運位，而虎邊（右側）受到阻礙會造成人事流動率高。

店面形狀及座向

店面形狀及座向，也會影響生意，這點是較少人會注意的。

店面的形狀：

店面的形狀最好是以下情形：

- **方正** —— 方方正正的店面，最好擺設及陳列。
- **橫面長方形** —— 橫面可設置櫥窗，吸引客人上門。
- **前窄後寬** —— 形狀像魚簍，可聚財氣。

以上幾種，都要留意前明堂開闊，讓門口動線流暢，才能帶動生意。

而下面幾種形狀的店面，則是需要避免：

- **前寬後窄** —— 這種形狀不易聚集氣，不適合選擇開店。
- **店面缺角** —— 缺角容易影響店主與店員人健康，如果缺角在東方沒有關係，東方宜明亮，因此適合凸出。若是其他方位，可在天花板或地板延著缺角埋三十六枚五帝錢，作為化解。

面對大馬路開門，可以增加來客率。

店面座向：

店面座向跟產業別有關，不同產業適合不同的座向。

1. **座北朝南** —— 適合服飾業、餐飲業和藥局。

2. **座東向西** —— 適合藥局、文具店、傢俱店。

3. **座西向東** —— 適合五金店、修車店、銀行。

不同產業適合不同座向的店面。

店面招財開運法

　　做生意的人常常是最相信風水的人，因為這些開運建議都不難做到，卻可以讓店主安心。以下就提供幾個店面招財法，讓店家不僅可以守財，甚至賺進大把鈔票。

1. 在收銀台的財位，擺放水晶球或聚寶盆，達到聚財效果。

2. 店內擺放背布袋的彌勒佛，但要讓彌勒佛面朝屋內而不是朝外，因為對外象徵錢財外流，所以當然要向內擺！

3. 收銀台內宜放發財金或錢母，需和店內會流通的錢幣擺放在一起，但是要避免將發財金或錢母找給客人。

4. 店面如果有兩扇門，會使屋內變為一陰一陽，有採光的那一邊通常銷售會較佳，而另一邊生意較差。因此，若店面是兩個空間打通，不要留兩個門形成「迴風煞」，最好還可以封住一邊通道，留住一條讓錢財流進來的主通道。

· 肆 ·

修習帝王學
自創好運道

　　風水中有許多開運法，聽起來總讓人覺得玄之又玄。其實，這些開運法說穿了，都與方位、五行、生肖大有關連；每個細節都有象徵意義，有些是祝福，有些是疾厄。只要懂得趨吉避凶，就能為自己創造風生水起好運道。

　　而這些開運法在古代原本是軍師輔佐君王，或是應用於行兵作戰的「帝王之學」，多是秘而不宣的密術。現代風水就運用這些密術配合天時、地利、人和，讓居住者能得到最佳的磁場效應，增強旺氣。

　　想要招財運、求桃花、找貴人、尋功名、覓健康嗎？一起來修習這些帝王學，絕對會讓你有意想不到的效果。

財運滾滾來

許多人追求轉運與逢凶化吉的方式，是買一堆開運物堆放在家裡，甚至連茶几都快要擺不下了，還是不見效果。這樣的方式常令風水老師捏把冷汗，因為開運物真的不是越多越好，不僅要買對而且擺對位置才是一百分。

究竟如何將家中擺設與風水巧妙結合？如何讓事業更穩固，錢財滾滾而來呢？下面就介紹幾種提升財運的好方法，讓你周遭小人變貴人、事業更上一層樓！

一、開運吸金大法（湯鎮瑋老師提供）

1.引財法：

首先準備一塊紅地墊，然後可以用下列三種方式吸金——

第一種方法：將三十六枚硬幣黏於紅地墊並擺放於門口，以提升地氣。

紅地墊後側貼上硬幣擺放於門口，可以引財。

第二種方法：將七枚硬幣貼成剪頭形狀，黏於紅地墊背面，而且將剪頭朝內擺。

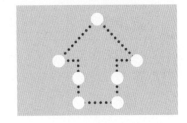

箭頭朝向室內

第三種方法：將七枚硬幣貼成杓子形狀，黏於紅地墊背面，並且將杓子朝屋內擺放（杓子朝內擺放代表將財水舀進家中），稱之為「北斗七星大法」，因為北斗七星就是天上的大勺子。

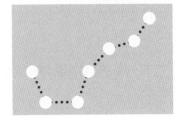

勺子朝向室內

2. 催財法：

a. **在客廳財位擺放七星陣有助心想事成**。七星陣像一個大衛星，即心靈能量，向七星陣許願就能放大願望，促使你美夢成真。

b. **在財位上擺放招財神獸可提升財運**。例如貔貅或蟾蜍。

c. **在流年財位擺放紅色或黃色物品**。紅色或黃色擺設宜為有吉祥意涵的物品，例如紅包或是黃水晶等等。

3. 聚財法：

這些招進來的錢財，還是要留得住才有用，所以懂得使用聚財法也很重要，只要在房間進門四十五度角的財位擺放保險箱或不透明的聚寶盆，讓錢財留守住，才不會左手進右手出。

添財運 三步驟	地點	物品
引財	大門、玄關	紅地墊
催財	客廳財位上	七星陣、山水畫、 紅或黃色物品
聚財	房間財庫	保險箱、聚寶盆

二、八方開運法 （詹惟中老師提供）

居家各個方位有空間的話，可以擺放一些開運物增加財運。

1. 東方在五行中屬木，所以可以在東方擺放盆栽，讓「木木相生」，加強運勢。

2. 南方在五行中屬於火，可以擺放鹽燈，或是紅色物品，增強運勢。

3. 西方在五行中屬金，可以擺放銅鈴、保險箱，藉以轉動財氣。例如家中西方是房門，可以掛銅鈴，如果是櫃子就可以擺放保險箱。

4. 北方在五行中屬水，有水流的擺設在風水上都有加分的效果，因此可以擺放魚缸，以提升主

鹽燈適合擺放在南方。

人的動力，也可形成水財。

5. 四偏方在五行中屬土，可以擺放聚寶盆，藉由「土土相生」以提升財運。

三、招財物搭配，使財運加分（謝沅瑾老師提供）

以下有幾種方法可增強招財物的能量——

1. 可在五色水晶石上放上七星陣，在最下方可壓著用財水洗過的十二枚錢母（將硬幣用開水煮過）。

2. 七星陣中間的水晶球可看自己的需求擺放，例如上班族想加薪升官可放綠水晶，黃水晶可招偏財，職業屬於靠智慧的可以擺放紫水晶。

3. 將十二枚錢母圍成一圈鋪在紅紙上（可將紅包袋剪開），中間擺放實體貔貅。錢母上的人頭向內圍繞成圓，象徵財運聚集。

4. 準備聚寶盆，在內裝有五色水晶或五色豆，象徵五路

七星陣加上錢母，可以招財。

財神，五色代表五行的顏色，分別為黑、白、紅、黃、綠。亦可將碎石、粉晶之類的跟聚寶盆放在一起，並擺放至床頭也有招財及桃花的功效。

5. 若同時有聚寶盆和晶洞，可以把晶洞做為聚寶盆靠山，用以加強能量。

四、四方結界轉運法（湯鎮瑋老師提供）

當住宅的先天格局無法改變時，還有什麼辦法可以補救財運呢？這裡就教大家一個補財庫的小方法，創造後天的優勢，利用海鹽除穢氣，在家裡四方吸收日月能量！

● 準備物品：

1. 四個杯子。

2. 綠、紅、白、藍色紙各一張，四張色紙代表家中的正四方，綠色代表東方，紅色代表南方，白色代表西方，藍色代表北方。

3. 海鹽。鹽自古就具有開運、除穢、淨化的效果，找不到海鹽，就用一般食用鹽。

四色杯子要放在居家正四方，可以結界轉運。

- 作法：

  1. 將四個杯子分別黏上綠、紅、白、藍色紙。

  2. 將四個杯子裝滿鹽，以達到除穢的效果。

  3. 把裝滿鹽巴的杯子分別放在家中的正四方。

正四方要以整個房子來判斷，例如臥室在家宅的南方，就將裝滿鹽的紅色杯子放至臥室的角落。擺放完成後形成結界，可防止漏財並增加好運。

要注意的是，結界須佈陣一年，可在每月農曆十五更換鹽巴。

五、錢財入櫃開運法（湯鎮瑋老師提供）

端午節是一個很好的轉運時期，如果覺得上半年運勢太差，可以在端午節除穢，只要將艾草、芙蓉、抹草煮開後倒入水中，並用此水洗淨身體穢氣即可。

另外，也可利用端午節節氣轉動自己的財運，補充下半年財庫。

- **準備物品**：一百六十八元的硬幣、艾草。

- **作法**：在農曆五月五日端午節中午，陽氣最盛時（十一至十三時），將一百六十八元硬幣放進艾草水裡煮開，並將硬幣瀝乾後，放在家中隨意一個櫃子裡。意指錢財放入財櫃中，將櫃子變成財

庫守財之意。

除了端午節，這個方法也適用於剛搬新家的人，入宅當天午時就以此法為自己開運。

六、提升女主人地位（湯鎮瑋老師提供）

想要馭夫、又想要財運嗎？這裡有個開運法，不僅可以提升女主人地位，還能帶來錢財，只要利用客廳西南方來布局，就可以穩固男主人的配偶宮。

● **準備物品：**

1. 容器一個。

2. 紅紙一張。

3. 黃水晶碎石。

4. 黃水晶球或黃水晶柱或黃色元寶一個。三個物品只能擇一來擺放，不能太貪心一次放太多物品，反而得不到效果喔！

   黃水晶球→能化解夫妻間的爭吵

   白水晶柱→加強女主人的氣勢，說話有力

   黃色元寶→想要增加私房錢，黃色元寶能帶來錢財

黃水晶球能化解夫妻之間紛爭。

- 做法：

  1. 將紅紙寫上女主人的名字及生日，放入容器內。

  2. 再將黃水晶碎石放入容器內，裝置七、八分滿的位置。

  3. 將水晶球或水晶柱或元寶放置水晶碎石上。

  4. 用指北針尋找客廳西南方，並放置於此。

七、各行各業開運五行房（詹惟中老師提供）

如果房間先天條件沒有那麼好，就用後天的條件去彌補，依自己的職業去創造開運好房間。

首先，先就職業來選擇加分的房型——

1. 從事金融業、電視廣播、法律、司法、律師或醫生

此行業別在五行中屬土，土生金是相加分的，宜選金型房，就是正形房。書房、客廳、辦公室就依此作為考量，以正方形方形呈現為佳，避免選擇綠色或長形房間。

2. 從事教育、創意、文藝、服飾、研發

此行業別在五行中屬水，水生木是相加分的，宜選木型房，就是長形房。書房、客廳、辦公室就依此作為考量，以長方形方形呈現為佳。顏色選擇以綠色為佳，避免選擇米、黃色、扁平形或正

方形房間。

3. 從事服務業、保險、百貨、金融

此行業別在五行中屬金，金生水是相加分的，宜在家中放置魚缸或圓形桌或有波浪造型的傢俱。房間宜選擇不要有過多稜角的房間，避免選擇方形房間。

4. 從事期貨、股票、軍人、員警、娛樂

此行業別在五行中屬木，木生火是相加分的，宜選火型房，就是外觀呈尖形，或參差不齊、多稜角的房間。宜選鹽燈或紅色傢俱來增加運勢，避免選擇三角形、圓形或拱形房間。

職業	五行屬性	門窗
金融、司法、財經、廣播電視	金形房，外觀成正方形的房間	大門不宜細長
教育、創意、文藝、服飾、研發	木形房，外觀修長的房間	門窗不宜為扁平形
服務業、保險、百貨、金融	水形房、外觀成圓形或波浪型的房間	門窗不宜扁平，可用長方形或圓形
期貨、股票、軍人、員警、娛樂	火形房，外觀成尖形，或參差不齊、多稜角的房間	門窗不能用圓形或弓形

八、八吉祥心想事成法（湯鎮瑋老師提供）

　　住宅的四面八方各代表不同的運勢，而你只要擺放一樣物品就可以補足喔！湯鎮瑋老師介紹藏傳佛教裡面的寶物之一「八吉祥」，代表佛的身、口、意，可以分別滿足人生八種不同欲求，包括學業、功名、愛情、健康、財運……等等。這八個欲求應對在易經中的八卦方位中，利用八吉祥搭配八方位去圓滿欲求，心裡最想求什麼，就將八吉祥放在對應的方位上。

正方形房間適合廣播電視、金融業等行業的人。

如果房子有缺角，就會影響此方位的運氣，例如西北方缺角，代表沒有貴人運，因此可將八吉祥擺放至缺角房的轉角處！不過切記，八吉祥代表佛像，宜將其顯露在外！

八吉祥可在佛教用品店購買。一次只能擺放一個八吉祥來做祈求，但萬一有缺角房，又想要祈求時，可以多放一個八吉祥，背面記得寫上自己的名字以做加強。

西北 **貴人**	北方 **事業**	東北 **夫妻**
西方 **求子、子女**	**房子有缺角 也可用八吉祥化解**	東方 **健康**
西南 **愛情**	南方 **名聲、地位**	東南 **財運**

九、八方進財連發陣

貔貅是眾所皆知的開運寶物，也是神獸之一，傳說只有口沒有肛門，對於賺取錢財、增進夫妻感情特別有效果。因此，我們可以利用貔貅向八方咬錢回來，八隻貔貅象徵八個欲求，能滿足不同的需求去招財，對於想要投資副業或多向投資的人很有幫助。

● **準備物品**：圓盤、八隻貔貅、黃水晶碎石、十元硬幣八個。

- 作法：

    1. 首先，找到玄關或客廳的東南方位置。

    2. 擺上一個圓盤，裡面鋪滿黃水晶。

    3. 圓盤上放上八隻腳踩硬幣的貔貅，貔貅的頭部向外擺放，象徵向外咬錢。

十、供奉自己的職業財神（詹惟中老師提供）

許多人為求財富，四處拜財神，以求財源廣進，其實財神不能亂拜，每種職業都有自己的守護神，拜對才有效，下面就來看看各職業眾神佛祭祀招財攻略：

1. **黃財神或財寶天王**：從商者，例如金融、股票、證卷、財經業。

2. **蓮花生大士**：靠頭腦維持生計的人，例如設計、創造、發明、行銷規劃、魔術師。

3. **四臂觀音或千手觀音**：需要動手的職業，例如寫作、雕刻、手工、藝文。

不同行業的人，應該供奉不同的職頁守護神。

4. **七眼佛母或千眼觀音**：靠眼睛吃飯的人，例如影視工作、鑑賞家、眼科及整形醫師。

5. **釋迦牟尼**：所有的職業類別都可以拜。

十一、無敵聚寶盆招財法（詹惟中老師提供）

- 準備物品：

1. 聚寶盆 1 個。

2. 七寶石（金、銀、琥珀、珊瑚、硨磲、琉璃、瑪瑙）。硨磲即貝殼，古代錢幣的意思。

3. 八個錢幣（台幣、美金都可）。

- 作法：

1. 聚寶盆內放佛教七寶石，在密宗中這些都具有旺財、聚財、避邪的功效。

2. 再放入八個錢幣，錢幣需一正一反擺放。

3. 將放入七寶石及八錢幣的聚寶盆，拿至廟中天爐過火三圈。再將過香爐的聚寶盆，放至家中的財位，使

聚寶盆要放在財位，不要放在廁所。

財運攏聚！或者可以根據個人的流年風水，擺放在不同位置來促使自己興旺，但是千萬不可擺放在廁所。

十二、衣帽間開運法（詹惟中老師提供）

1. 不可昏暗，可使用間接照明、壁燈或亮色系壁紙。衣帽間用淺色衣櫃，並且常開燈，可以讓屋主運勢光鮮亮麗，財庫明亮。

2. 堆放衣服容易潮濕有灰塵，霉氣橫生，要去除臭味，保持通風。最好可以擺放除濕機，以避免發霉，影響桃花。

3. 避免衣櫃擋住窗戶，因為風水中窗代表眼睛，所以這樣的擺設會傷及眼睛。窗前最好擺放矮櫃或五斗櫃，可使光線良好，採光佳，也可使空氣保持流通；窗前衣櫃過大，會有壓迫感。

4. 衣櫃順序先低後高，步步高升！入口處先擺放矮櫃或五斗櫃，靠牆壁再用高櫃。可避免壓迫感，也可以確保空氣流通。

5. 衣物外露，容易形成「鬼衣煞」，所以平時要收納進櫃子裡，並且將衣櫃作門。

6. 保險箱可放於房間的財位上。

衣物間常開燈，
照亮財庫。

十三、用職業基本判斷五行好方位（湯鎮瑋老師提供）

　　購屋前，可以根據自己的主業屬性來挑選適合的房屋座向，職業概分為下列五類，找出自己的職業五行屬性：

五行屬性	職業
水	貿易、飲料店、媒體業、網路，與流動性相關
火	熱炒食品業、電子、能源、美容，和發熱有關
木	行政、服飾、會計、作家，和紙相關
金	西醫、五金、金融，跟金屬相關
土	仲介、命理、宗教、建築、殯葬，跟人相關

不管任何職業，明廳暗房、床的兩邊開闊，都是好風水。

接著根據職業五行屬性，找出適合的房子座向：

五行屬性	適合的房屋座向	
水	座南朝北	北方有水， 向北方可接近水氣
火	座北朝南、 座西北朝東南	南方屬火，東南方屬木， 木可生火
木	座西朝東、 座西北朝東南	東方及東南方都屬木， 木木相生
金	座東朝西	西方屬金，金金相生
土	座北朝南、 座西南朝東北、 座東北朝西南	南方屬火，火生土； 東北方或西南方都屬土， 土土相生

十四、幫夫運風水格局

想讓家中男主人事業順利發展，可以創造有利男性發展的幫夫運格局：

1. 客廳要夠明亮，風水中講求「明廳暗房」，才能讓男主人事業有一片天。

2. 窗外有遠景，象徵前途有遠景。

3. 床的龍邊（左邊）一定要開闊，象徵事業有發展的空間。

窗外有遠景，才有前途。

召喚好桃花

好的居家風水除了要求家宅平安之外，也期望家人之間可以和平相處。然而，家中如果存有衝突氣場，就容易造成人與人之間的口角，這在風水上是可以化解的。

而好桃花大家都喜歡，以下的開運法不只能召喚好桃花、讓愛情更順利，還可以讓全家都有好人緣，不妨在家中試試。

一、避免小三的格局（湯鎮瑋老師提供）

1. 壁刀切到客廳的虎邊

凶：女主人地位受損。

宜：在門口懸掛八仙彩或九宮八卦來化解。

2. 家中鏡子照到房門

凶：識人不清，容易使男主人腦袋渾沌而陷入迷魂陣中。

宜：拆除鏡子。

3. 水龍頭

忌：朝向屋外。

凶：漏財或外遇。

水龍頭朝向屋外，容易使男主人在外拈花惹草，另外還有漏錢的
危機喔！宜將水龍頭轉向屋內，以防止漏財及外遇

4. 家中擺放動物的畫作

忌：動物的頭朝外。

凶：外遇、漏財。

宜：將畫作調整方位將動物的頭朝向屋內。

浴室透明，容易招蜂引蝶。

5. 甕

忌：家中甕、空瓶過多。

凶：外遇。

宜：放錢幣，財水或紅線綁麒麟。可化解小三危機也可聚財喔！

家中擺放過多的甕、空瓶，易使男主人在外金屋藏嬌，也象徵主人對錢財較無安全感！

6. 房間

忌：擺二床，一房有二床代表容易出現感情嫌隙。

凶：外遇。

7. 透明浴室

忌：透明的門。

凶：爛桃花。

浴室如果有透明的門容易招蜂引蝶，可貼霧面化解！

8. 房中房

忌：更衣室的比例超過主臥的三分之一。

宜：紅紙寫名字裝入葫蘆。

更衣室過大代表容易包二奶，可將更衣室的門改成與牆壁同色，並將門框拆除。

若裝潢無法變更，可在更衣室的角落擺放葫蘆亦可化解房中房！且宜在紅紙上寫上名字，塞入葫蘆裡以阻絕爛桃花。

二、桃花帶財福袋（湯鎮瑋老師提供）

人脈通錢脈，這個終極人財兩得開運法可以讓人緣、桃花和錢財通通來。

● **準備物品：**

1. 粉紅色或紅色布袋一個。

2. 粉水晶碎石。

3. 紅紙一張。

4. 三十二象徵桃花吉數，所以準備三十二枚硬幣（統一用五元或十元的硬幣）。

● **做法：**

1. 將三十二枚硬幣放入布袋中。

2. 在紅紙上寫上自己名字放入袋中。

3. 將粉水晶碎石放入，約七、八分滿，粉晶可增加桃花。

4. 到月老廟過香火三圈。

5. 放置在窗戶邊或掛在窗邊。窗戶表示對外的人際通道，也代表眼睛，才不會識人不清、找到貴人。每年農曆十二月二十四日為「清屯」，可將福袋取下再拿至月老廟過火三圈，效果會更好喔！

三、十二生肖桃花位（湯鎮瑋老師提供）

桃花位一定要在四正方，風水中稱為「子午卯酉四桃花」，可依照十二生肖去找桃花位，然後可以擺放照片、百合花、粉晶等等來招桃花，提升人際關係。

方位	生肖
正東	虎、馬、狗
正西	鼠、龍、猴
正南	牛、蛇、雞
正北	兔、羊、豬

四、床位求桃花密法（一玄老師提供）

1. 三支纏紅線的香腳

a. 準備五個蘋果至家中附近的土地廟祭拜土地公。蘋果代表有好的結果，也代表平平安安。

b. 將拜完的三支香腳用紅線纏繞七圈，並塞至床頭底下。最好是有土地婆的土地廟，並且求土地婆後才取香腳，將香腳纏紅線後過香爐。

c. 將紅線香腳擺放至自己身旁床頭底下的位子。

2. 粉紅蓮花紙

a. 準備一張 A4 粉紅色紙並且印有蓮花。

準備粉紅蓮花紙，可以求桃花。

b. 在花瓣上寫上想追求的對象，要是自己認識的人。若無對象，則在花瓣上寫上「五方桃花」。

c. 面對西方，對粉紅蓮花紙吐三口氣，並將紙擺放至自己身旁床頭底下的位子。

五、新婚入厝

除了新婚夫妻，感情失和的夫妻也可以選擇在農曆三、六、九、十二月（財庫月）的初一或十五來做。

1. 抱財進財

a. 新婚當天一定要抱著老婆進家門，等於以妻為財，可使夫妻同心，一起工作的事業更順利。

b. 另外也可以抱八根木柴，並用紅線綑綁，進家門再進廚房，最少放到一年。

2. 進祿得祿

a. 可在新婚當天將一隻鹿的飾品放在玄關，並且頭朝內。

b. 在明財位放聚寶盆，裡面放上新台幣五百元（背面有梅花鹿），並且在五百元寫上夫妻名字，上頭再鋪上一百六十八枚錢幣，代表夫妻同心協力，攜手賺錢。

3. 鏟子得子

想生小孩的可在新婚之夜將鏟子在床底下。

4. 喜慶臨門

在大門及新房門需貼上「囍」字，代表好事不斷，一定要滿週年才可撕去。

六、尿遁法可化解官司、防小人（謝沅瑾老師提供）

這是從古代流傳下來的奇門遁甲術，要將裝有五百 CC 的尿液擺在房門後，能有效制止小人化解官司。問題愈嚴重，可以擺放愈多的尿液，真的確定官司結束之後再把尿液倒掉。

七、趕走衰鬼好運來祕法（湯鎮瑋老師提供）

- **準備用品**：葫蘆一個、鹽巴、七片芙蓉葉。
- **做法**：在葫蘆裡面裝約八分滿的鹽巴，以及七片芙蓉葉，放在運勢不佳的人房門或大門後。

健康保平安

想要健康保平安，除了平常多運動、注重身體保養之外，住宅環境的舒適程度也會影響我們的身心發展。

因為身與心是分不開的，一個人心情不好，身體內的能量就會出現失衡現象，產生心浮氣躁與情緒波動，讓人頭昏、激動、無法冷靜，再來就會影響健康。而健康出問題，也容易與人發生爭執，影響人際關係。

所以，健康是我們生命的基石，沒顧好就會產生壞的連鎖反應。下列就提供一些健康添壽的開運方法，讓大家參考。

一、健康添壽小秘法（湯鎮瑋老師提供）

這個方法可以替慢性疾病患者及久病不癒者增加健康運。

依照十二生肖的紫微斗數中紫微星所排列出來的

延壽方位，擺放貼有「福」字的葫蘆祈求身體健康。

生肖	方位	生肖	方位
鼠	西南偏南	馬	東北偏北
牛	西南偏西	羊	東北偏東
虎	正西	猴	正東
兔	西北偏西	雞	東南偏東
龍	西北偏北	狗	東南偏南
蛇	正北	豬	正南

- **準備物品**：三十公分以上的大葫蘆、紅筆。

- **作法**：

    1. 在葫蘆上用紅筆寫上「福」字。
       若購買為空心葫蘆，可以在葫蘆
       內裝內五色水晶，並且放入寫上
       患者姓名的紅紙。

    2. 在生病者的臥房內找出延壽方
       位。例如：屬猴者按上方圖示則
       可查看到延壽方為正東方。

    3. 在延壽方擺放有「福字」的葫蘆。

二、葫蘆與龍龜破除災病（謝沅瑾老師提供）

人吃五穀雜糧，難免會有生病的時候，如果看了醫生一直好不了，不妨利用風水的力量來化解病符。

● 葫蘆

葫蘆在風水中具有治病及收妖的功能，在正月十五時，將葫蘆拿至寺廟過主爐的香火，再將祈求的主爐香灰裝至葫蘆內，擺放至病符方位以化解。祈求香灰時，最好詳細說明姓名、地址、事由，以得到神明的加持。

● 烏龜

自古以來烏龜一直有健康長壽的含意，所以烏龜及龍龜擺飾具有延年益壽及自我保護的功效。

在紅紙寫上姓名及農曆的出生年月日後，再寫上「身體健康 元辰光彩」等字。將寫好的紅紙放入龜殼中，並將龜殼隱密的擺放至病符方位。此法也可化解五黃煞的厄運。

三、十二生肖容易生病的流年（湯鎮瑋老師提供）

病符屬於太歲神的煞氣，如果居家外煞加上流年適逢病符，就容

易影響身體健康，甚至要注意血光之災。

生肖	病符流年	生肖	病符流年
鼠	逢豬、虎年	馬	逢蛇、猴年
牛	逢鼠、兔年	羊	逢馬、雞年
虎	逢牛、龍年	猴	逢羊、狗年
兔	逢虎、蛇年	雞	逢猴、豬年
龍	逢兔、馬年	狗	逢雞、鼠年
蛇	逢龍、羊年	豬	逢狗、牛年

化解方式可以將龍龜擺放至太歲方位，拿一張紅紙並在紅紙上寫上姓名及出生年月日，將紅紙壓在龍龜下，可化解病符。

龍龜可以化解病符。

三、大門開得好才健康（謝沅瑾老師提供）

大門代表一個家的運勢，門的方位或四周環境若不好，除了影響運勢外，更會影響一家人的健康。

1. 大門低於路面

房屋低於路面除了容易淹水，還會造成家運不濟。

若從大門位置化解，可以再打地基時，沿房子周圍埋下三十六枚五帝錢，可提升地氣。也可以在大門正下方埋下羅盤，羅盤的指針需調整於正指南方，使用羅盤來鎮位煞氣。最簡單的方式，可以架高門口的地板，並埋三十六枚五帝錢。

另外，也可以從家中化解。只要在屋內後端或沿屋內傾斜的四周，擺放三十六枚五帝錢，以提升地氣。

要注意的是，五帝錢要拿去過香爐加持，再擺放。

五帝錢可以提升地氣，鎮位化煞。

2. 門口煞（大門對大門）

在門中懸掛銅鈴。切記！一定要銅製的，銅有鎮宅避邪的功能，若門口懸掛銅製以外的風鈴易造成招陰。

3. 進門見廁

容易影響婚姻及健康，可以用門廉來遮擋，樣式最好選擇不透光、不透明，才具有化解煞氣的功效。

四、穩定元神好眠法（湯鎮瑋老師提供）

如果睡眠品質不好，可以在睡覺前先用雪松（西藏除障草）或檀香，使用薰香的方式，淨化房間，去除穢氣，並在床的四角掛上白水晶球轉換磁場，代表樁腳很穩，能幫助入眠，提升睡眠品質。

除障草可在佛教文具店購買，香的用量不可太多，避免味道太過濃郁。

五、屋宅太歲流年（湯鎮瑋老師提供）

若家裡有意外血光的煞氣，碰上對應流年，更容易會有血光意外發生。

座向	易有意外血光流年
座北朝南、座南朝北	鼠、馬年
座東朝西、座西朝東	兔、雞年
座東南朝西北、座西北朝東南	龍、蛇、狗、豬年
座東北朝西南、座西南朝東北	牛、虎、羊、猴年

宜在太歲方擺放龍龜，可消弭意外血光。若太歲流年還未到來，也可先將龍龜擺放至太歲方以鎮宅避邪。

六、多子多孫添丁大法（湯鎮瑋老師提供）

我們可以依照十二生肖的天嗣星所排列出來的方位，來求子。首先根據自己的生肖找出適合開運的方位：

生肖	方位	生肖	方位
鼠	東北偏東	馬	西偏西北
牛	東南	羊	北
虎	西南偏南	猴	東北
兔	西南偏西	雞	西偏西北
龍	西北	狗	北
蛇	西	豬	北偏東北

● 準備物品：

銅葫蘆、五色豆（黑豆、紅豆、黃豆、綠豆、花豆）、求子廟宇的主爐香灰、紅包袋、麒麟一對（麒麟也有送子麒麟的含意）。

- 作法：

1. 將五色豆平均裝入銅葫蘆中，約裝至七、八分滿。

2. 至求子廟宇誠心祈求主爐香灰，將香灰裝入紅包袋內，並在紅包袋上寫上夫妻的姓名。將準備好的紅包袋塞入裝有五色豆的銅葫蘆中。

3. 銅葫蘆及麒麟擺放的位置，可按照上圖的生肖方位來擺放。若夫妻有至醫院檢查，則可擺放至生育能力較弱者的生肖方位。

銅葫蘆及麒麟是擺放在主臥室內，所以是要看主臥內的方位。且擺放的位置不可過低，要在腰部以上。

若家中無法擺放銅葫蘆及麒麟，可至求子廟宇捐香！一次最好捐十斤，「十」這個數字代表圓滿吉祥。而捐香象徵延續香火，以大家的信念幫助祈求求子順利。

七、解除煩惱多的風水方法

有些房屋格局比較容易有杞人憂天的煩惱，很多其實都是可以輕鬆化解的：

1. 天花板太低

天花板最好要明亮開闊，建議家裡高度空間要足夠。

2. 色系太深

深色比較容易使人有壓迫感，所以建議房間牆壁改為淺色。

3. 馬桶朝屋前

前面章節也提過這會影響主人煩惱多，可以用土種黃金葛家投射燈化解。

4. 前陽台有遮蔽物

前陽台晾衣服會遮蔽自己的前途，容易為運勢擔憂煩惱，一定要清理乾淨。

5. 財位放垃圾桶

容易自尋煩惱，為賺不到錢而操勞，一定要把垃圾桶移開，在財位放上開運物。

前陽台不要晾衣服，會自尋煩惱。

文昌開智慧

開運風水

在知識爆炸的現代，除了懂得接收資訊，還要會判斷資訊的正確度，並且可以加以研究，吸收成自己的知識。

因此，現在的文昌開運可不只是讓你考取功名而已，還能幫助大家開智慧，讓你更富有創造力。所以，不只是考生需要注意文昌開運法，一般人也同樣需要好文昌的加持，才能對於事業各方面運勢的提升。

一、精油蠟燭文昌開運法（詹惟中老師提供）

精油蠟燭類似鹽燈，而且比鹽燈效果更好。

1. 可以開運，擺放室內龍邊。

2. 可化解陰暗，可放在廁所。

3. 可化解味煞，養寵物的人家也可以清除異味。

4. 可放在文昌位或財位，有照亮的意思。

二、擺放文昌筆、魁星踢斗（詹惟中老師提供）

　　文昌筆擺放至客廳並沒有加到分，放在書房比較好，男生如果放在辦公桌可開智慧，女生則放在梳妝台可開智慧。此外，一個人可同時使用多個文昌塔，並且分別安置運用在不同的方位，建議可搭配文昌筆一起使用，威力更強。

三、九宮九星文昌星

　　每年的文昌位會根據流年而有所改變，該怎麼找出流年的文昌位呢？

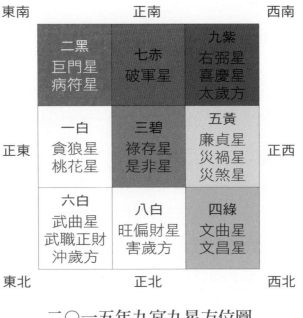

二〇一五年九宮九星方位圖

首先，拿出羅盤確認家中方位，找出正確方位後，即可比對「九宮九星方位圖」（如上圖），其中「四綠飛星」就是掌管智慧與學業的文昌位了。

要注意的是，每年的方位圖會改變，二〇一五年的文昌位在西北方，今年要參加高考，公務員等考試的人，特別要注意這個方位。例如可以將書桌移至此方位，必能提高學習成績。如果辦公桌的方位在此，也能讓思緒更順暢，工作起來格外得心順手。

萬一書桌無法移動，可在此方位擺放文昌塔來增旺「四綠文昌星」的力量，讓人智慧大開，提升考試成績，仕途平坦。

四、書桌開運法

台灣的小孩在求學期間總是會經歷大大小小的考試，而身為父母當然會希望小孩能夠在考試上無往不利，這時可以透過書桌開運法來增加考運。

首先，書桌適宜用木頭桌而不要用鐵桌，鐵桌容易造成冰冰冷冷的感覺；另外我們可以準備五種行色的筆，將藍、綠、黑、紅、黃五種顏色的筆擺在筆筒裡面，可以達到「五行開運」的功用。

五、盆栽開運法（詹惟中老師提供）

最後，介紹大家利用盆栽做個簡單又不花大錢的開運法，能利用植物行光合作用轉換運勢，使家裡煥然一新，在家裡可以種植這些招財吉祥的樹木，以提升各方的運勢。

桔樹	「桔」與「吉」諧音，象徵吉祥如意，可以表示富貴吉祥
竹	象徵高雅、脫俗的形象，俗稱的開運竹
桂樹	「桂」與「貴」諧音，象徵大富大貴，桂枝可驅風邪，調和陰陽，桂花可美化環境，吸引人氣
椿樹	是長壽之樹，有護宅、祈壽的作用
梅	梅花清高、富貴，花開五瓣，有梅開五福的意義，可提升福氣
棗樹	早得貴子，也有凡事快人一步之意
石榴	多子多福的象徵，有富貴吉祥之意

桔樹：在門前或門後擺放桔樹，象徵吉祥如意

吉有吉利的意思！俗話說開門見吉，所以可以在門前或門後擺放桔樹，即代表萬事吉祥，而且桔樹越旺盛，代表運勢越亨通。如果生長出的桔子還可以泡茶來喝，象徵「開花結果」！

桂樹：在屋外或窗台種植桂花樹可招來貴人

俗話說：「出外靠朋友。」出門在外要遇到貴人，可在屋外、庭院、窗外或客廳的門外擺放桂花樹，增加貴人運！

竹：在書房或客廳擺放竹子代表易升遷掌權

竹代表竹節高升、步步高升的意思。可將如意竹或發財竹，放在客廳或書房，以求地位、名聲及權力，並非求招財。

竹子可以求地位、名聲及權力。

椿樹：將椿樹擺至孝親房內外可使父母延年益壽

室外也可種植松樹、柏樹或擺放松柏山水畫象徵長壽，所以家中如果有長輩，也可放置椿樹於房中為長輩添福氣。

梅樹：失婚者可在客廳或臥室種植梅樹以覓伴侶

面臨離婚或感情受挫，希望梅開二度者可種植梅樹增加福氣！梅樹有富貴、五福臨門、貴氣的意思，擺放在客廳代表千客萬來、貴客迎門，放至臥室則有梅開二度的含意。

棗樹：將棗樹放至小孩房代表早生貴子

小孩房是將來小孩靈到來之處，小孩房擺放棗樹，代表著早生貴子，對於希望孕育下一代的夫妻有加分的效果！

石榴：將石榴種植於後陽台有利子孫運勢

後陽台代表後代子孫的舞台，如果將石榴種植於後陽台，則代表子孫將來的事業前途有一番發展空間！

·伍·
風水名詞
大全

　　許多人很想接近風水，卻受困於其中的專有名詞，覺得艱澀難懂，很容易一知半解。

　　本章就為大家整理出你需要認識的風水名詞、堪輿掌故和開運擺飾，只要按圖索驥，保證讓你一次搞懂風水。

風水名詞

　想要判斷陽宅風水好壞，基本功就是要瞭解常見的風水名詞。為了方便大家速查，將一些常見的風水名詞列出如下：

1. 左青龍右白虎：

風水的左右方位，以古代的祥獸做為代表名稱。（詳見 P019）

2. 虎口龍開：

家中大門或樓梯的開法，最好的位置是在面對房子外側的左方，也就是在龍邊開一個口，讓大家都能進出龍門。如果在虎邊大開，容易導致莫名的災難。

3. 龍動虎靜：

風水擺設原則之一，龍邊可擺設電器等動態用品，虎邊最好擺放櫃子等不常使用的物品。（詳見 P023）

4. 玄武空虛：

在風水中後方稱為玄武，玄武方位不可以空虛無靠，最好是背後有實牆作為依靠，才是好的格局。（詳見 P022）

5. 左右逢源：

床的左右兩邊留有空地，讓人方便進出，才不會沒有前途。（詳見 P083）

床的兩邊要有進出，才是左右逢源。

6. 明堂：

玄關附近的空間，一般以大門為依據，分為內明堂和外明堂，亦稱為大小明堂。（詳見 P054）

7. 三門相通：

一個空間內若有三個門相通，容易破財。（詳見 P086）

8. 一戶開兩大門：

門太多，氣場不易集中，對屋主運勢有不好的影響。

9. 前門直通後門：

兩門相通，財路容易遭截斷。
（詳見 P058）

10. 明廳暗房：

客廳與房間的光線對比起來，客廳要光亮，房間要幽暗一點。
（詳見 P008）

三門相通，容易破財。

11. 先膳後堂：

一開大門就先看到餐桌才看到客廳，不良格局之一，最好還是先堂後膳。（詳見 P097）

12. 進門見膳：

一進門就看到餐桌，不良格局之一，要有遮蔽才不會錢財外流。

13. 進堂見廁：

一進門就看到廁所，不良格局之一，一樣要有遮蔽。（詳見 P104）

進門見廳，無法藏風納氣。

14. 進門見廳：

一進門就看到客廳，不良格局之一，無法藏風納氣，最好還是要有玄關作為緩衝。（詳見 P058）

15. 進堂見灶：

客廳和廚房沒有區隔，在客廳的位置就可以直接看見廚房，不良格局之一，應該遮擋。（詳見 P095）

16. 開門見鏡：

鏡子有反射作用，如果大門沒有直沖煞氣，則不宜正對大門，反而會將財氣反射出去。（詳見 P056）

17. 開門見窗：

一進門即可見窗，容易破財，可用不透光窗簾阻擋。

18. 出門撞壁：

一開房門就面對牆壁，氣勢受到阻擋，運勢自然也就不會順遂。（詳見 P086）

19. 安床：

安床是搬家時最需要注意的事，換新床時也不能隨便就把床放置床架上，要看農民曆上面有寫「安床」的吉日才可以移動床。

如果新婚夫婦在結婚前已安床，也要等到結婚那天才可以睡在那張床上。此外，夫妻失和、運勢不好或過新年都可以透過安床來

轉運。

這裡也提供一個小秘訣,安床時,可以準備十枚十元硬幣,用鹽水洗過一遍,擦乾。將十個硬幣握在手中,雙手合十,口中唸著「床母請保護我」,再將手攤開,左右手各拿五個硬幣,口中唸著「十全十美」,並將硬幣撒到床底下,就完成了安床轉運。

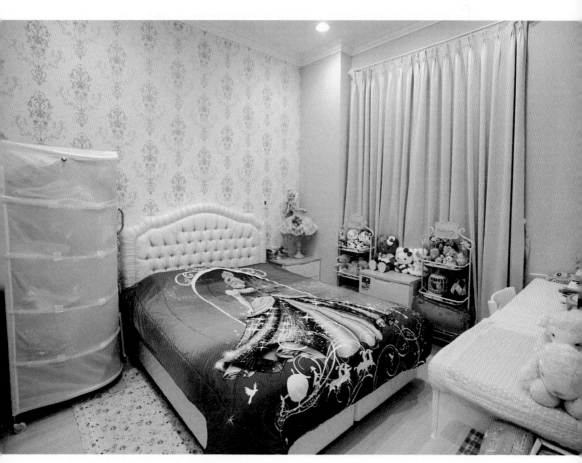

安床是搬家最需要注意的事。

20. 流年：

在命理上常用的名詞，意指「年的運程」。由於時間也是「川流不息」，所以運用「流水」的「流」字代表每一年不同的運程。

湯鎮瑋老師表示可以依據十二生肖去看哪些流年要特別注意小人問題：

生肖	犯小人流年	生肖	犯小人流年
鼠	逢虎、馬、猴年	馬	逢鼠、蛇、猴年
牛	逢龍、兔、羊年	羊	逢牛、蛇、雞年
虎	逢鼠、蛇、猴年	猴	逢虎、馬、狗年
兔	逢牛、蛇、雞年	雞	逢兔、羊、豬年
龍	逢虎、羊、狗年	狗	逢鼠、龍、猴年
蛇	逢兔、羊、豬年	豬	逢牛、蛇、雞年

21. 地氣：

「氣」與風水息息相關，而「地氣」對風水的影響力遠大於「天之氣」。地氣也會影響居家磁場的好壞，因此如果地氣不足之處，可用五色水晶或五帝錢提升氣場。

風水大全

堪輿掌故

　　想要趨吉避凶，扭轉自己的命運，就要先了解究竟自己缺了哪方面的運勢？像是老喊窮的人，是因為賺不得過路財呢？還是找不到好工作？釐清自己的問題，才能對症下藥。下列一一說明各種堪輿名詞與掌故：

1. 財位：

財位分為兩種，一種是招財以增加財富的「明財位」；另一種是聚財並達到累積財富的「財庫」。所以開運物還是要看功用擺放，不一定擺放在財位就會加分；另外，開運寶物只要放對位置，就不用擔心數量不夠。

例如龍雕飾就建議放門口而不是放財位，因為龍可以鎮宅保平安，對招財較無作用。

2. 明財位：

位在門口斜方四十五度角的方位，就是明財位。

此處所指的門，包含一般住宅大門、後門及房門都算，所以家中不會只有一個明財位，但是要注意此處必須是直角、實牆才是有效的明財位，否則如果有窗戶或樓梯，氣場不容易聚集，財氣也會散掉。

3. 財庫：

招財之外，還要把錢財守住才能藏富於家，而財庫通常是家裡最內側的財位，如果這個位置剛好有窗戶，建議將雙臂寬的窗戶部分封起來，否則無法藏風聚氣。

另外也建議搭配五行，在家中每個房間造財庫：

- 財神屬木，
  可以擺放在客廳建造財庫。
- 晶洞屬水，
  可以擺放在餐廳建造財庫。
- 聚寶盆屬土，
  可擺放在臥房建造財庫。
- 保險箱屬金，
  可擺放在衣帽間建造財庫。

晶洞屬水，聚寶盆屬土，各有最適合擺放的位置。

4. 文昌：

不論想求取功名，或是希望金榜題名，除了自身努力，運氣也很重要，這時就要依靠文昌位的擺設。

文昌位，即是文昌星所處的位置，在風水學中，文昌星是主宰文人學子命運之星，主要影響能讓人思慮清晰、處事得體，因此自古以來人們就很重視文昌位的布置，以及各種催旺文昌的秘招。

而一般來說，書桌是我們最重要辦公、讀書所在位置，所以這裡的文昌擺設也要注意一些禁忌：

書桌不適合擺在房間正中央。

- 書桌不可擺在房間正中央，中央是氣場匯聚之所，很容易受氣場衝擊，影響身心健康。

- 書桌不可正對門口，門也是氣場交流通道，很容易影響文昌發揮作用。

- 不可看見廚房和廁所，廁所汙穢之氣和廚房油煙之氣，都屬於不好的氣場也會有影響。

- 書桌不可擺在橫樑下，重物壓頂。

- 書桌亦不可朝向屋外的煙囪、水塔等，這些事物本身帶有不好氣場，會擾亂辦公或唸書的精神。

5. 新春開運

風水除了講求格局布置之外，對於時節也很重視，老人家常說：「初一早，初二早，初三睡到飽，初四接神，初五隔開……」新春頭五天，是迎新接財的的關鍵時段，也是催旺整年運勢的最佳時機。

湯鎮瑋老師說，初一至初五家裡都要燈火通明，才能興旺，也不要在新春期間倒垃圾或掃地；如果一定要掃地，要從外往內掃，不要把財氣掃出去。

謝沅瑾老師則表示，農曆正月與七月不可以裝潢、搬家，否則一

整年的運勢都會起起伏伏。

下列就列舉春節的宜忌事項：

	宜	不宜
初一開春	走春、吃素	吃粥、吃藥、 打破容器、睡午覺
初二回娘家	做牙、放紅開運地墊	回門禮為單數、洗衣物
初三赤狗日	使用淨身鹽洗澡	
初四接神日	接神祭祀	
初五隔開	迎財神、送窮	

春節適合到廟裡上香。

風水大全

開運擺飾

　　沒有一間房子是零煞氣的，重要的是如何將煞氣化解。風水老師勘察陽宅如同診病一樣，既然看出有病，就要開處方、給藥物；在風水學方面來說，這些藥物就是化煞擺飾。

　　也要提醒大家，開運物建議要到廟裡過火開光，才會更有效用。

1. 魚缸

　　魚缸是很容易取得並改變風水的道具。魚缸屬水，魚缸若放白沙，可以「金水相生」；魚缸背景若是藍的，可以「水水相生」，有助於運勢發展。

　　關於座向，可以參考以下方式擺法：

- 魚缸擺正東方，指的就是「水木相生」，可提升財運與人脈。

- 魚缸擺在正西方，所謂「金水相生」，可提升財運、財源廣進，西方代表金。

- 魚缸擺在正北方，可提升人脈，「水水相生」，一樣可以增強人際關係。

- 但如果魚缸擺正南方，在風水叫做「水火沖」，易造成家人的感情不和睦，也易與人產生口舌是非。

有些人會問：「魚缸要多大？於要養幾隻？」一般來説，養魚的數量尾數不宜為三、四、七；而如果魚缸裡面的魚一直在生小魚，就不要計較數目了。

魚缸是很好的風水擺設。

另外，魚缸也可以正對家裡的大門口，形成水牆化解穿堂風，這叫做「進門不再空」，可避免財破、氣流、人不聚的現象。

但是下列幾個位置千萬不要擺放：

- 魚缸不可放在凶位。
- 魚缸擺放高度不可高過心臟位置，水火相剋。
- 魚缸擺放高度不可超過頭，會有「淋頭水」之意。
- 神桌下亦不可放魚缸，會有「泥菩薩過江」之意。

2. 貔貅

貔貅是龍王的九子之一，貔貅喜歡吃金銀珠寶，而且只進不出，被認為是招財神獸。許人以為貔貅是一對的，但其實貔貅沒有分公母，只要貔貅擺在對的位置即可，不一定要一對。如果有一對，公的代表財富，母的代表財庫。如果佩帶在身上，就只能佩帶一隻。

貔貅喜歡吃金銀珠寶，被認為是招財神獸。

貔貅不只招財，也可以斬桃花。但傳說貔貅較貪睡，可以摸三下叫醒牠，有句話說：「一摸貔貅財運旺盛，再摸貔貅財源滾滾，三摸貔貅平步青雲。」

貔貅不可正對大門，要向外擺放，也要供水。謝沅瑾老師解釋因為門有門神，而貔貅算是神獸，會冒犯到門神，貔貅可以面向門口，但要稍微錯開斜斜地擺放，也可將貔貅朝向陽台。

而且貔貅位置不可放太高，否則無法招財，因為貔貅較驕傲，擺太高容易懶得咬錢。此外也不可以將貔貅放於臥室，等於咬自己的錢，會讓人愛花錢。

3. 鹽燈

鹽燈是由千萬年前的石化而成，埋藏於喜馬拉雅山脈地底下，長年吸收日月精華，可淨化家中空氣。一般市面上均有販售，也可以自己 DIY 製作。將鹽礦，加上燈就變成所謂的天然鹽燈，也可得到鎮宅避邪的效果。

4. 水晶

水晶擺飾往往比較時尚，而且能幫忙擋煞，但要確認是不是已經吸收過多負能量。詹惟中老師說，如果開始覺得自己的運勢下滑，水晶與晶洞可能就有問題，需要淨化了。

- **粗鹽淨化法**：將水晶泡在鹽水（最好使用粗鹽）約三到四個小時。

- **東方淨化法**：將水晶擺在東方曬太陽一小時，提昇陽氣，之後裝進紅包袋。

- **晶簇充電法**：將水晶放進晶洞、晶柱約三到五小時。

水晶擺設要記得淨化。

- **清水沖洗法**：將水晶用清水沖洗後，擺在紅布上晾乾一天。

- **冷凍法**：將水晶放進冷凍庫三到四小時，擺在紅布裡一天再使用。

- **沉香淨化法**：將水晶拿到沉香上面轉三圈，就有淨化的作用。

5. 唐卡

西藏密宗的唐卡，可以祈福趨吉，建議擺放在有隱密性的地方，

唐卡建議放在較隱密的地方。

不要擺放在客廳等公共區域。而且神像擺放的位置最好是朝屋前，面向屋子左右邊也可以，最忌諱面朝屋後和廁所，會影響到家運，可能會讓屋主運勢衰退。

6. 淨業卡

卡上有各式經文咒語，可消除業障，貼在門上方，除了可化解煞氣，也代表能消災解厄，每天從門進出可消除病氣，把不好的障礙都消除。

7. 山海鎮

山海鎮具有移山倒海、將煞氣完全排除、顛倒陰陽之功，在選購時要注意，看起來是山環抱海，才能藏風納氣，不能看起來是石頭堆疊的山，亦不能有凹凸的石頭或枯黃的山脈。

乾坤太極圖要開光才有效用。

8. 乾坤太極圖

乾坤太極圖像是山海鎮的升級版，能化解得煞氣較多，主要是裡面的符咒不同，會有不同的功能。

謝沅瑾老師更建議，山海鎮和乾坤太極圖開過光的最好，其次是過過香爐的，如果都沒有就等同於一般鏡子。

9. 五帝錢和六帝錢

五帝錢是清朝順治、康熙、雍正、乾隆、嘉慶五位皇帝所鑄的錢幣，當時都是太平盛世，用五帝錢可以提升地氣、運勢和氣場。六帝錢則再加上一個道光皇帝所鑄的錢幣，可以化解鬥口煞。

10. 麒麟踩八卦

麒麟作為家宅守護獸，具有招財、消災、鎮宅、化煞等等用途。要化解外煞時，只要將麒麟正對沖煞之位置，頭朝外擺放即可達到化解之效果。

如果想要招來好運，可以麒麟身上的物品來分辨：

- **麒麟踩八卦和錢**：這種就不是化煞的麒麟，功能是可以招財、鎮守財庫的。
- **披盔甲的麒麟**：是做法用的法器，可以作為道壇的護法神獸。

11. 葫蘆

葫蘆最好是要請老師開光處理，或是到神農廟、保生大帝廟、藥

王菩薩廟……等香爐過
過香火。主要功能是化
解煞氣或收病氣等，所
以葫蘆的蓋子一定要蓋
起來，一般家用葫蘆以
玉製、銅製或真實的葫
蘆居多。

葫蘆要開光或過香火後才使用。

12. 聚寶盆

聚寶盆在招財風水上，最受喜歡的擺飾，因為擺放在陽宅財位上
沒有魚缸那麼多忌諱，只要挑選圓形的，口徑要小容量大就可以。
材質上以瓷器最佳，其次為金屬，盡量避免木製的，因為「金木相
剋」，刻上龍或貔貅為佳。

聚寶盆裡面可以擺放金銀珠寶或鈔票，最好能拿去天爐過香火繞
三圈。

聚寶盆擺放地點分為：客廳為貴人財、客房為人脈財、書房為智
慧財、夫妻臥房為配偶財、父母房為長輩財。

13. 開運竹

開運竹又名「萬年青」，主
要功用如下：

遮，以遮掩的方式去化解煞
氣，例如放開運竹在陽台上化
解外在環境的煞氣。

擋，例如開門見壁刀，就可用
開運竹去擋煞。

化，有些房子內有很大的柱子，
可放開運竹在柱子旁化解。

鬥，可阻擋不好的氣味，放在
垃圾煞旁邊作化解。

避，當作靠山避免煞氣，辦公
室座位後方也可放開運竹。

開運竹是很好的擋煞植物。

14. 馬雕像

屋內如果擺放動物雕像，想要招財的話，記得將頭朝向屋內，如
果擺放馬的擺飾，可以在馬的背上黏上錢幣或鈔票，讓馬馱錢回家
寓意「馬上發」。

15. 彌勒佛

　　大耳圓肚，一臉慈祥的笑容，就是被許多人視為福財神的彌勒佛，有些彌勒佛手拿布袋，有些則是雙手高舉金元寶，不論哪種造型，要記得將佛像朝向屋內，意味「招財進寶」，而且要注意，神像不可放置於房間裡。

彌勒佛朝向屋內擺，意味「招財進寶」。

16. 秤頭

　可以在秤頭上綁上紙鈔，掛在房門口或財位可守財，防止劫財，也可以鎮宅。

　也可擺放天秤有招財之意，取其「秤錢」的諧音，但秤頭和天秤兩種物品不可同時擺放。

17. 風鈴

　風鈴的材質有很多種，其中金屬材質的銅鈴在風水上最為常見，因為在五行中金能洩土的原理，才會以銅鈴的金屬聲音，來制化掉很多的「土煞」。

　此外，坊間也有風鈴掛上元寶，作為招財之用。也有好幾個風鈴聯成一串，作為開運之用。還有與獅咬劍串在一起，可以避邪氣、保平安。不論哪種風鈴，最重要的還是擺放位置正確，才有效果。

金屬風鈴可以化「土煞」。

18. 春節開運物擺設

這些擺設可除夕前擺放，新的一年會有好運。

擺放物品	作法或代表的意義
米缸	裝八分滿米的米缸要放在廚房明財位，底下可用紅包放一百六十八元，可增加偏財、生暗財
紅辣椒	紅色代表喜氣，想要增加人氣或人脈可在大門口掛一串紅辣椒
柿子	取其諧音事事（柿柿）如意
桂圓茶	增加貴人運
糖果	財神喜歡甜食，希望財神能到家裡來
百合、桃花、銀柳	可在桃花位擺放花卉增加人緣，也可擺放銀柳，諧音「銀兩」可招財

玩藝 0008

風水！有關係 好風水不求人

風水老師齊力灌頂，教你如何財運滾滾來、召喚好桃花、健康保平安、文昌開智慧。

作　　者 —— 緯來綜合台 26 頻道
文字整理 —— 郭茵娜
圖片提供 —— 緯來電視網
攝　　影 —— Chunpower
副總編輯 —— 陳慶祐
執行企劃 —— 汪婷婷
行銷協力 —— 野火娛樂、薛培梅、許慧珊、古佩穎、李宗祈
內頁設計 —— 葉若蒂
封面設計 —— 十六設計

總 編 輯 —— 周湘琦
董 事 長 —— 趙政岷
出 版 者 —— 時報文化出版企業股份有限公司
　　　　　　108019 台北市和平西路三段二四〇號七樓
　　　　　　發 行 專 線 ——（〇二）二三〇六—六八四二
　　　　　　讀者服務專線 —— 〇八〇〇—二三一一七〇五
　　　　　　　　　　　　　（〇二）二三〇四—七一〇三
　　　　　　讀者服務傳真 ——（〇二）二三〇四—六八五八
　　　　　　郵　　　　撥 —— 一九三四四七二四時報文化出版公司
　　　　　　信　　　　箱 —— 一〇八九九臺北華江橋郵局第九九信箱
時報悅讀網 —— http://www.readingtimes.com.tw
時報出版風格線 —— https://www.facebook.com/bookstyle2014
電子郵件信箱 —— books@readingtimes.com.tw

法律顧問 —— 理律法律事務所　陳長文律師、李念祖律師
印　　刷 —— 華展印刷有限公司
初版一刷 —— 二〇一四年十一月二十八日
初版十刷 —— 二〇二一年十一月一日
定　　價 —— 新台幣 三二〇 元

時報文化出版公司成立於一九七五年，
並於一九九九年股票上櫃公開發行，於二〇〇八年脫離中時集團
非屬旺中，以「尊重智慧與創意的文化事業」為信念。
版權所有　翻印必究（缺頁或破損的書，請寄回更換）

ISBN 978-957-13-6122-2
Printed in Taiwan

特別感謝：

風水！有關係：好風水不求人 / 緯來綜合台合作. -- 初版.
-- 臺北市：時報文化, 2014.12
　面；　公分 . --（玩藝；8）
ISBN 978-957-13-6122-2(平裝)

1. 相宅

294.1　　　　　　　　　　　　　　　103021716

風水！有關係 好風水不求人 讀者活動回函

風水問題一大堆，方位、財位、化煞、擋煞，該怎麼做才能五運大開？

別擔心～只要您完整填寫讀者回函內容，並於 2015/06/30 前寄回時報出版（以郵戳為憑），我們將週週抽出幸運讀者，由三位風水大師在《風水！有關係》節目中親自為你解答風水疑難雜症，讓你運勢大開，錢財貴人桃花一直來！

1. 詳述您需要老師幫您拯救風水的問題？

_____

_____

_____

_____

貼圖：

02. 請問您在何處購買本書籍？
□誠品書店　□金石堂書店　□博客來網路書店　□其他 _____

03. 請問您購買本書籍的原因？
□喜歡主題　□喜歡封面　□價格優惠　□喜歡購書禮　□實用　□ QRCode　□其他 _____

04. 您從何處知道本書籍？

□書店 _____　□網路書店 _____　□量販店 _____　□報紙 _____　□廣播 _____

□電視 _____　□網路媒體活動 _____　□朋友推薦　□其他 _____

05. 最喜歡的章節與原因？ _____

讀者資料：

姓名：_____　□先生 □小姐　年齡：_____

聯絡電話：（H）_____　（M）_____　職業：_____

地址：□□□_____

Email：_____

注意事項：　1. 本問卷請將正本寄回不得影印使用　2. 本公司保有活動辦法更改之權利，並有權選擇最終得獎者。

好風水不求人

風水大師齊力灌頂，教你如何財運滾滾來、
召喚好桃花、健康保平安、文昌開智慧。

讀者活動回函

※ 請對摺後直接投入郵局，請不要使用釘書機。

廣 告	回 函
台北郵局登記證	
台 北 廣	字
第 2 2 1 8	號

時報文化出版股份有限公司

108019 台北市萬華區和平西路三段 240 號 2 樓

第三編輯部收

3秒滅菌液

環境除臭，出入公共場所及餐前手部消毒，
玩具、生活用品、砧板、抹布、寵物等，
易滋生黴菌細菌環境，輕輕一噴，消毒、
除臭、滅菌，三效合一。

官網

華瑞生技股份有限公司
Medicalead Co., Ltd

台北市中山區南京東路二段165號8樓
服務專線：(02) 2503-2950
www.medicalead.com.tw

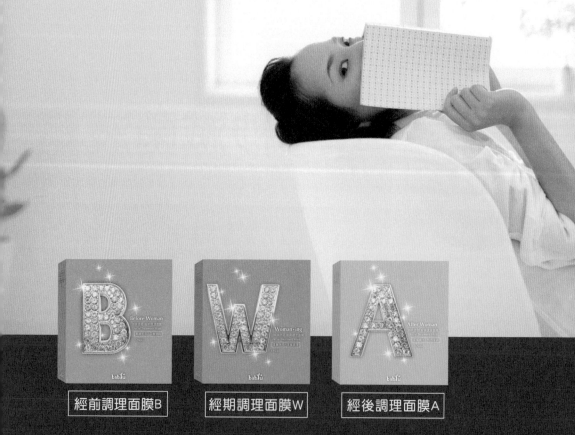

今天做女人，我要更動人...

babyou ★ 姊妹淘 姊妹時間 調理面膜

三種配方、三階段呵護，給妳每月完美30天

經前調理面膜B　　經期調理面膜W　　經後調理面膜A

實體通路｜屈臣氏・86小舖・巴黎草莓

網路通路｜Yahoo超級商城／購物中心・PChome線上購物・博客來・Momo富邦購物網・GO HAPPY快樂購物網・PAYEASY・ASAP閃電購物網
EHS東森購物・BBQueen女人購物網・HerBuy好買・86小舖・巴黎草莓

總代理｜香港喬淘好全有限公司台灣分公司・官網｜p.babyou.com・客服｜0800-660-006・信箱｜ask@babyou.com・臉書｜facebook.com/p.babyou

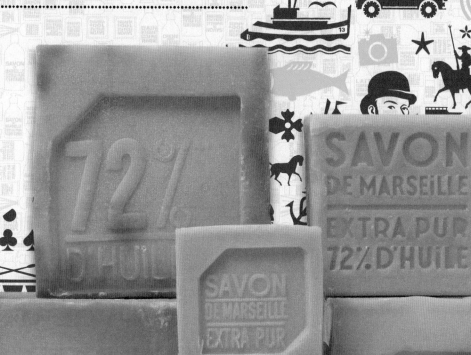

COMPAGNIE DE PROVENCE

‖ 愛 在 普 羅 旺 斯
限量馬賽手工香皂 Limited Edition

72%天然植物油手工製造

facebook 愛在普羅旺斯

全台銷售據點 COMPAGNIE DE PROVENCE
台北 忠孝SOGO B1、微風松高 B1F
桃園 中壢SOGO 2F、台中 新光三越 B1、高雄 漢神巨蛋 3F
愛芙蓉國際有限公司 02-7721 2360
台北市瑞光路76巷35號6樓　www.compagniedeprovence.com.tw

Too Style

有機天然護唇球
Natural Lip Ball With Organic Ingredient

圓一個，
生活的美好滋潤。

👆 **What's this? Made in TAIWAN的天然護唇球!**

👉 **無毒原料** 歐盟 Soil Association 認證，有機成分認可，不添加人工防腐劑、人工色素、凡士林

👉 **研發生產** 從產品企劃到研發、生產製造到販售，全程嚴格把關，苛求品質、嚴選上市

👉 **有趣設計** 獨特球體造型專利設計，突破傳統上下左右擦拭，就是要你「嘟起雙唇、一次完成」

更多資訊 See More

Official Website

北市衛粧廣字第10309587號

www.toostyle.com.tw